まちごとチャイナ
北京003

胡同と旧皇城
老北京の「たたずまい」
[モノクロノートブック版]

明清時代の街区を残す北京では、皇帝が暮らした紫禁城(故宮)を中心に、皇城、内城、また南側の外城と波紋が広がるように街が構成されている。明清時代には紫禁城を囲み、そこにもっとも近いことから、皇城は皇族の邸宅や庭園、官吏の勤務する官衙がおかれた禁域となっていた。

　この皇城の中心をしめるのが、北海、中海、南海からなる巨大な湖で、元代の13世紀に開削された運河によって北京北西の西山から水がひかれていた。元の宮殿がおかれた

北海公園は北京でもっとも伝統ある庭園となっているほか、中南海は現代中国の政治、外交の舞台として知られる。

また北海公園の北側の前海、後海、西海の周囲は什刹海と呼ばれ、明清時代の街並みを伝える胡同が見られる。いくつもの路地が走り、古くから北京に暮らす人々の生活が息づく胡同。なかには清代の皇族の邸宅が残り、それらは四合院と呼ばれる中国の伝統的な建築となっている。

Asia City Guide Production
Beijing 003
Hutong
胡同／hú tòng／フートン

|まちごとチャイナ｜北京 003｜

胡同と旧皇城
老北京の「たたずまい」

「アジア城市（まち）案内」制作委員会
まちごとパブリッシング

まちごとチャイナ
北京 003
胡同と旧皇城

Contents

胡同と旧皇城 007

皇都の伝統と路地裏 013

旧皇城城市案内 017

北海公園鑑賞案内 027

胡同と中国の伝統住居 037

什刹海前海城市案内 043

什刹海後海城市案内 055

什刹海西海城市案内 069

南鑼鼓巷城市案内 077

張自忠路城市案内 089

雍和宮鑑賞案内 097

国子監街城市案内 107

東直門内城市案内 117

鳥の巣城市案内 125

北京の離宮仏教学校 135

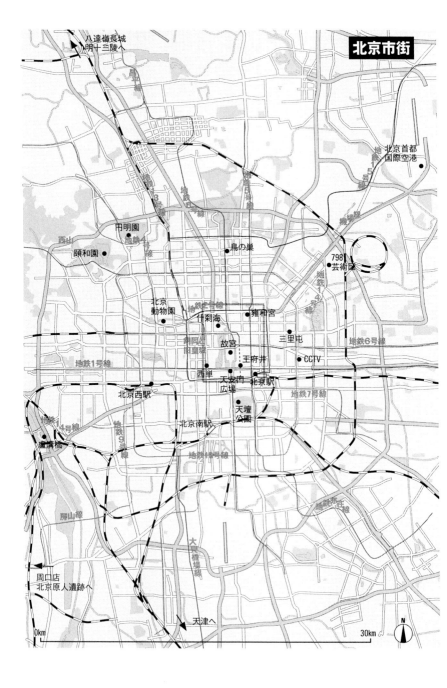

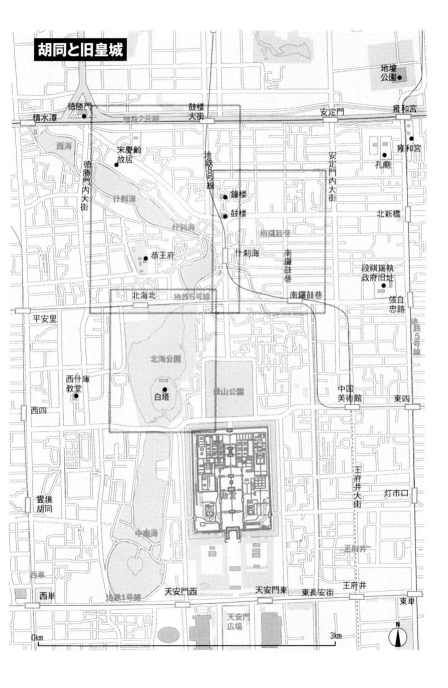

胡同と旧皇城／老北京の「たたずまい」

★★★
什刹海／什刹海 shí chà hǎi シーチャーハイ
南鑼鼓巷／南锣鼓巷 nán luó gǔ xiàng ナンルゥオグゥシャン
雍和宮／雍和宫 yōng hé gōng ヨンハァゴン
鳥の巣（北京国家体育場）／鸟巢 niǎo cháo ニィアオチャオ

★★☆
北海公園／北海公园 běi hǎi gōng yuán ベイハイゴンユゥエン
鼓楼／鼓楼 gǔ lóu グゥロウ
鐘楼／钟楼 zhōng lóu チョンロウ
恭王府／恭王府 gōng wáng fǔ ゴンワンフゥ
徳勝門箭楼／德胜门箭楼 dé shèng mén jiàn lóu ダァシェンメンジィアンロウ
孔廟／孔庙 kǒng miào コンミャオ

★☆☆
白塔／白塔 bái tǎ バイター
積水潭／积水潭 jī shuǐ tán ジーシュイタン
中南海／中南海 zhōng nán hǎi チョンナンハイ
段祺瑞執政府旧址／段祺瑞执政府旧址 duàn qi rui zhi zhèng fǔ jiù zhǐ ドゥアンチイルゥイチチェンフウジィウチイ
宋慶齢故居／宋庆龄故居 sòng qìng líng gù jū ソンチンリンジウジュウ

Introduction
皇都の伝統と路地裏

皇帝を中心とした儒教空間
故宮をとりまくように走る胡同
老北京の面影を伝える街並み

皇城と北京の都市空間

　かつて紫禁城(故宮)のちょうどひとまわり外に広がっていた皇城(内城の内側)。そこでは巨大な湖(現在の北海公園と中南海)が水をたたえ、また紫禁城の南側には祖先をまつる太廟と農業神をまつる社稷壇がおかれていた。北海公園には13世紀、北京に首都を定めた元のフビライ・ハンの宮廷があり、その区画をもとに明清時代の北京が構成され、それは現在へと続いている。主要な建物を南北の軸線上において南面させ、社稷壇と太廟、文廟と武廟を配置する。中国古来の礼節や都市のありかたが北京の街では結実していた。

北京の路地裏「胡同」

　故宮をとりまくように走るいくつもの路地、胡同。灰色の平屋が続くこの通りは、北京の内城、外城で見られ、とくに北海公園や什刹海近くには伝統ある胡同が残っている。胡同とはもともとモンゴル語の「井戸」「集落」に由来し、元代には29本、明代には459本、清代には978本の胡同があり、「すべての胡同をつなげれば、もうひとつの万里の長城になる」とも言われた。胡同のうえを鳩の群れが飛び、鳩笛が聴こえるという光景は、清朝以来のものだという。現在、北京

の都市開発が進み、胡同は大きく変貌しようとしている。

皇族たちの邸宅

　北海公園の北側に位置する什刹海界隈には清朝時代に皇族が暮らした邸宅跡が残り、当時の様子を今に伝えている。宋慶齢故居はもともと醇王府があった場所で、清朝第11代光緒帝とその弟の子である第12代宣統帝(ラスト・エンペラー愛新覚羅溥儀、その生家)を輩出したことから、潜龍邸と呼ばれていた。また恭王府は清朝第6代乾隆帝後期に専横で知られた和珅の邸宅で、清朝末期になって恭親王(アロー号戦争で清朝側の代表としてイギリスとの交渉にあたる)のものとなった。そのほかにも現在、チベット仏教寺院となっている雍和宮は、第5代雍正帝の即位以前の宮殿だったことで知られる。

故宮の周囲をとり囲むように皇城が位置した

胡同の壁に描かれていた落書き

北京市街中軸線上の北に位置する鳥の巣

北京の街に時間を知らせていた鼓楼

Jiu Huang Cheng
旧皇城城市案内

**満州族の樹立した清朝
かつて紫禁城と呼ばれた故宮を囲むように
皇族たちの暮らす皇城があった**

皇城壁遺址／皇城墙遗址 ★☆☆
huáng chéng qiáng yí zhí
こうじょうへきいし／フゥアンチァンチアンイイチイ

　明清時代の北京は、故宮、皇城、内城というように入れ子状の構造をもち、皇城壁内は皇族たちの暮らす禁域だった。そして、皇族の邸宅や庭園、官吏の勤務する官衙がおかれていた。この皇城壁は1912年以降の中華民国時代にとり払われたが、天安門そばにわずかに残る。

南池子門／南池子门 ★☆☆
nán chi zi mén
みなみちしもん／ナンチイツウメン

　南池子大街は明清時代から見られた通りで、故宮の東側を南北に走る。このあたりには明代、皇帝の遊ぶ小南城があり、通りの南側は皇城の壁で行きどまりとなっていた。20世紀初頭の中華民国時代に交通の不便さを克服するため、皇城の壁に穴を開け、この南池子門を整備した。3つのアーチをもち、屋根に黄色の瑠璃瓦を載せる門となっている。

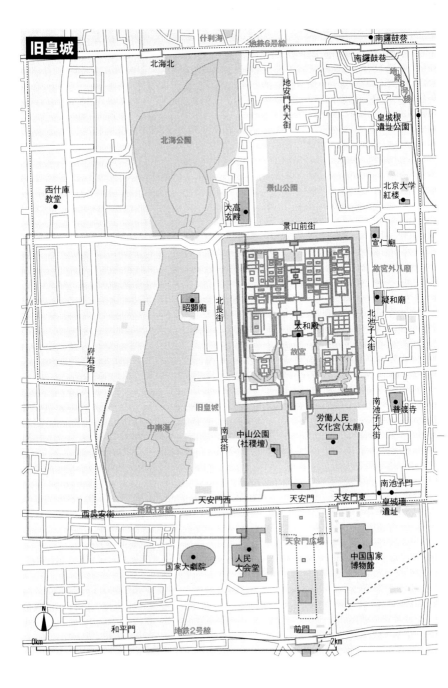

故宮外八廟／故宫外八庙 ★☆☆
gù gōng wài bā miào
こきゅうがいはちびょう／グウゴォンワイバアミャオ

　皇帝の暮らした故宮の周囲をとり囲む8つの廟を故宮外八廟と呼んだ。清朝皇帝の家廟で、宣仁廟、凝和廟、福佑寺、普渡寺、真武廟、昭顕廟、万寿興隆寺、静黙寺で構成された（清朝離宮がおかれた承徳の外八廟とちょうど同じ性格をもっていた）。これら外八廟は、外側から北京故宮（紫禁城）を守護した。

普渡寺／普渡寺 ★☆☆
pǔ dù sì
ふとじ／プウドゥスウ

　普渡寺は北京故宮の外八廟のひとつで、故宮と同時期の明の永楽年間(1402～24年)に建立された。明代、故宮の両脇には庭園があり、西苑(中南海)に対してこちら側は東苑と呼ばれ、皇族たちの憩う場所だった(そのうち、普渡寺は洪慶宮の一部分だった)。明清交代期の1644年、清朝のドルゴンが北京に入城したとき、ここに拠点をおき、叡親王府と呼ばれた。その後の1694年、仏教の瑪哈噶喇廟となり、1775年、乾隆帝が修建して普渡寺とした。1911年の辛亥革命以後、小学校になっ

★★★
什刹海／什刹海 shí chà hǎi シーチャーハイ
南鑼鼓巷／南锣鼓巷 nán luó gǔ xiàng ナンルゥオグゥシャン

★★☆
北海公園／北海公园 běi hǎi gōng yuán ベイハイゴンユゥエン

★☆☆
皇城壁遺址／皇城墙遗址 huáng chéng qiáng yí zhǐ フゥアンチャアンチィアンイイチイ
南池子門／南池子门 nán chí zi mén ナンチイツウメン
故宮外八廟／故宫外八庙 gù gōng wài bā miào グウゴォンワイバアミャオ
普渡寺／普渡寺 pǔ dù sì プウドゥスウ
凝和廟／凝和庙 níng hé miào ニィンハアミャオ
宣仁廟／宣仁庙 xuān rén miào シュアンレンミャオ
皇城根遺址公園／皇城根遗址公园 huáng chéng gēn yí zhǐ gōng yuán フゥアンチェンゲンイイチイゴォンユゥエン
北京大学紅楼／北京大学红楼 běi jīng dà xué hóng lóu ベイジンダアシュエホォンロゥウ
大高玄殿／大高玄殿 dà gāo xuán diàn ダアガオシュアンディエン
昭顕廟／昭显庙 zhāo xiǎn miào ヂァオシィアンミャオ
中南海／中南海 zhōng nán hǎi チョンナンハイ

ていたが、21世紀に入ってから再建され、北京税務博物館がおかれている。

凝和廟／凝和庙 ★☆☆
níng hé miào
ぎょうわびょう／ニィンハアミャオ

清朝の1730年に建てられた外八廟のひとつ凝和廟。故宮を守護する雲の神をまつることから、雲神廟とも呼ばれた。中華民国時代から小学校として利用された。

宣仁廟／宣仁庙 ★☆☆
xuān rén miào
せんにんびょう／シュアンレンミャオ

清朝雍正帝時代の1728年に建てられた宣仁廟。故宮の周囲に配置された外八廟のひとつで、風の神さまがまつられていた(風神廟)。山門は故宮側の西にあるが、正殿は南向きとなっている。

皇城根遺址公園／皇城根遗址公园 ★☆☆
huáng chéng gēn yí zhǐ gōng yuán
こうじょうこんいしこうえん／フゥアンチェンゲンイイチイゴゥンユゥエン

明清時代、故宮(紫禁城)を囲むように皇城がめぐり、一般の人は入ることのできない禁域となっていた。20世紀初頭に皇城の城壁が撤去されたのち、2000年に皇城根遺址公園として整備された。ここは皇城の東側部分にあたり、南北に細長い公園となっていて、赤の城壁(皇城壁)が見られる。

北京大学紅楼／北京大学红楼 ★☆☆
běi jīng dà xué hóng lóu
ぺきんだいがくこうろう／ベイジンダアシュエホォンロゥウ

北京大学紅楼はかつてこの場所にあった北京大学の一部で、建物に赤レンガが使われていることから紅楼という。

清代に建てられた風神をまつる宣仁廟

かつて毛沢東が勤務していたという北京大学紅楼

北京故宮の外八廟のひとつ普渡寺

周囲から故宮を守護する凝和廟

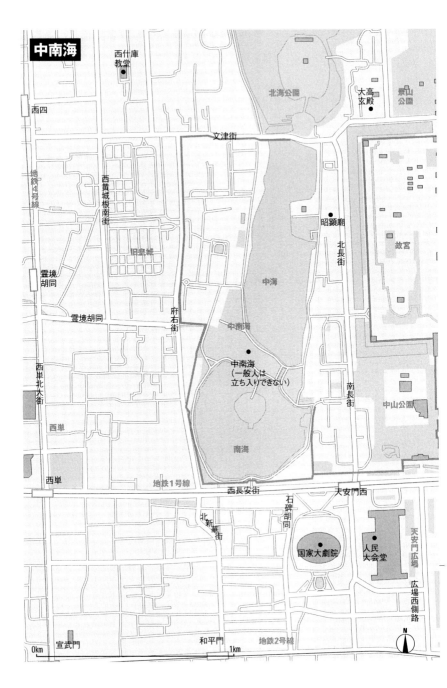

1918年に建てられた紅楼は地上4階建てで、北京大学の文科、図書館がおかれていた。この図書館に毛沢東(1893～1976年)が勤務し、五四運動はここからはじまったという経緯がある。そのため北京大学紅楼前の通りは、五四大街という。中国共産党の創始者の一人である李大釗は1階東南隅(119室)、毛沢東は1階西端(112室)で仕事をし、校長であった蔡元培の部屋は2階の西側(208室)にあった。

大高玄殿／大高玄殿 ★☆☆
dà gāo xuán diàn
だいこうげんでん／ダアガオシュアンディエン

　故宮の神武門外(北西側)に位置し、明清皇室用の道教寺院だった大高玄殿。明代中期の1542年に建てられ、1547年に火災で破壊されたのち、万暦年間の1600年に再建された。その後、1900年の義和団事件のときに破壊されるなど破壊と再建を繰り返して現在にいたる。南北244m、東西57mの規模で、清朝の皇帝がここで祭祀を行った(清朝の皇族はチベット仏教を崇拝していたが、漢族の儒教と道教を無視できなかった)。そのため故宮(紫禁城)と同じ黄色の琉璃瓦、紅い壁をもつ。

昭顕廟／昭显庙 ★☆☆
zhāo xiǎn miào
しょうけんびょう／ヂャオシィアンミャオ

　故宮西側を南北に走る北長街に位置する昭顕廟。雷の神さまがまつられているところから雷神廟ともいう(外八廟のひとつ)。清朝、雍正帝時代の1732年に建てられた。

★★☆
北海公園／北海公园 běi hǎi gōng yuánベイハイゴンユゥエン

★☆☆
大高玄殿／大高玄殿 dà gāo xuán diànダアガオシュアンディエン
昭顕廟／昭显庙 zhāo xiǎn miàoヂャオシィアンミャオ
中南海／中南海 zhōng nán hǎiチョンナンハイ

中南海／中南海 ★☆☆
zhōng nán hǎi
ちゅうなんかい／チョンナンハイ

　故宮西に位置する中南海は、中国の中央機関がおかれたこの国の心臓部にあたる。古くから風光明媚の地として知られ、北京の貴重な貯水池であった(金代には離宮があり、元代は太液池と呼ばれる宮廷地区だった)。明清時代には西苑と呼ばれる皇帝の離宮となっていて、1949年の中華人民共和国以後、現在のかたちになった。中海と南海、北海をあわせて北京三海とよび、南海と中海を結ぶ大理石の橋がかかっている。周囲は紅墻ではりめぐらされていて、一般人は立ち入ることができないが、南海の正門にあたる新華門、明代に建てられた紫光閣、金の章宗が燕京八景のひとつにあげた太液秋風亭、西太后に幽閉され光緒帝が瀛台(釣魚台は中国の迎賓館)などを擁する。

Bei Hai Gong Yuan
北海公園鑑賞案内

北西の西山から北京中心部にひかれた水
北海公園では四季折々の自然が広がる
ここは遼金代から皇族が愛でた場所だった

北海公園／北海公园 ★★☆
běi hǎi gōng yuán
ほっかいこうえん／ベイハイゴンユゥエン

　10世紀の遼代、続く金代から風光明媚な場所として知られていた北海公園の地。ここは北京でもっとも古い庭園と言われ、13世紀の元代には、太液池と呼ばれる巨大な人工の湖が整備されて宮廷がおかれていた(北京の水不足を解消するために西山から水がひかれた)。明清時代は皇族用の庭園となっていて、一般の人が立ち入ることはできなかったが、1924年から一般公開され、その後、改修されて現在にいたる。北海に浮かぶ瓊華島は、その美しさから燕京八景のひとつ「瓊島春陰」にあげられる。

瓊華島／琼华岛 ★☆☆
qióng huá dǎo
けいかとう／チィオンフゥアダオ

　北海に浮かぶ周囲880mの瓊華島。13〜14世紀、元の大都の宮廷があった場所で、瓊華島には「黄金の空中楼閣」広寒宮がそびえていたという。瓊華島という名前は、渤海に蓬莱、瀛州、方丈という山があり、そこに立つ瓊華閣に不老長寿の仙薬をもつ仙人が棲むという伝説にちなむ。

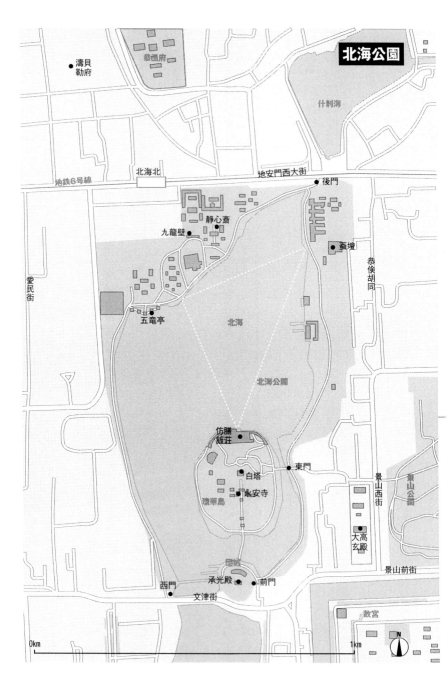

永安寺／永安寺 ★☆☆
yǒng ān sì
えいあんじ／ヨンアンスー

　瓊華島中央に立つ仏教寺院、永安寺。南側から法輪殿、正覚殿、普安殿と続き白塔にいたる。12世紀の金代に宋の都開封から運ばれてきた昆侖石や太湖石などの名石、また18世紀の清代、乾隆帝の時代に建てられた楼閣が残る(満洲語、漢語、モンゴル語、チベット語の併記が見られる)。

白塔／白塔 ★☆☆
bái tǎ
はくとう／バイター

　北海公園の象徴とも言えるチベット仏教式の白塔。白塔の高さは35.9mになり、その姿は故宮からも見ることができる。この仏塔は1651年、清朝第3代順治帝の時代に建立され、以後、清朝歴代皇帝はこの白塔を中心に楼閣や亭を建てていった(もともとここに元代の広寒殿があったと伝えられるが、明代の1579年に倒壊したという)。満州族の清の皇帝はチベット仏教を手厚く保護し、地震などでいくどか破壊をこうむってい

★★★
什刹海／什刹海 shí chà hǎi シーチャーハイ

★★☆
北海公園／北海公园 běi hǎi gōng yuán ベイハイゴンユュエン
九龍壁／九龙壁 jiǔ lóng bì ジウロンビイ
恭王府／恭王府 gōng wáng fǔ ゴンワンフゥ

★☆☆
瓊華島／琼华岛 qióng huá dǎo チィオンフゥアダオ
永安寺／永安寺 yǒng ān sì ヨンアンスー
白塔／白塔 bái tǎ バイター
仿膳飯荘／仿膳饭庄 fǎng shàn fàn zhuāng ファンシャンファンチュワン
団城／团城 tuán chéng チュアンチェン
承光殿／承光殿 chéng guāng diàn チェングゥアンディエン
静心斎／静心斋 jìng xīn zhāi ジンシンチャイ
五竜亭／五龙亭 wǔ lóng tíng ウーロンティン
蚕壇／蚕坛 cán tán サンタン
濤貝勒府／涛贝勒府 tāo bèi lè fǔ タァオベイラァフゥ
大高玄殿／大高玄殿 dà gāo xuán diàn ダアガオシュアンディエン

故宮、大同のものとならぶ北海公園の九龍壁

清朝の宮廷料理を今に伝える仿膳飯荘

るがそのたびに再建され、現在にいたる。

仿膳飯荘／仿膳饭荘 ★☆☆
fǎng shàn fàn zhuāng
ほうぜんはんそう／ファンシャンファンチュワン

　北海にのぞむように、瓊華島北側に立つ仿膳飯荘。清朝の崩壊にあたって、その宮廷に仕えた料理人が資本を出しあって開業したことがはじまりで、清代の宮廷料理を今に伝えているという。

団城／团城 ★☆☆
tuán chéng
だんじょう／チュアンチェン

　北海公園の前門の位置する団城。北海を浚渫した土でつくられた小さな島だったが、現在は陸地とつながっている。元代、フビライ・ハンがこの団城から矢を射て、矢の落ちた場所を宮廷の中心にしたと伝えられる(北方の遊牧民には野営地を決めるこのような習慣があった)。

承光殿／承光殿 ★☆☆
chéng guāng diàn
しょうこうでん／チェングゥアンディエン

　清代に建てられた仏教楼閣、承光殿(元代には儀天殿という楼閣があった)。第6代乾隆帝の筆による額が残り、中央には第11代光緒帝の時代にビルマから献上された玉仏が安置されている(西太后の命でここに運ばれた)。またこの前庭には、中国有数の玉器瀆山大玉海が見られる。

九龍壁／九龙壁 ★★☆
jiǔ lóng bì
きゅうりゅうへき／ジウロンビイ

　北海の北西に残る高さ5m、厚さ1.2m、長さ27mの九龍壁。

龍はそれぞれ異なる表情をもつ

北京の水瓶の役割を果たしてきた、北海公園

北海公園の白塔、故宮からも見ることができる

水をひいて湖をつくった郭守敬の像（積水潭近く）

中国では龍は聖なる生きものとして崇拝され、とくに9頭の龍が刻まれた九龍壁は、この北海公園と故宮、大同の3ヵ所にしか現存しない(龍や極数9は皇帝を象徴する)。北海公園のものはそのなかでもっとも完成度が高いと言われ、7色の瑠璃磚で鮮やかな龍が描かれている。1756年、万佛殿への入口の影壁として建てられた。

静心斎／静心斋 ★☆☆
jìng xīn zhāi
せいしんさい／ジンシンチャイ

　北側から北海をながめる景色をもち、「園中の園」とたたえられた静心斎。ここは清朝第6代乾隆帝が読書にふけり、またラスト・エンペラーこと愛新覚羅溥儀が『わが半生』を執筆した場所としても知られる。

五竜亭／五龙亭 ★☆☆
wǔ lóng tíng
ごりゅうてい／ワシイルゥ

　北海にのぞむ五竜亭は、皇帝や皇后が舟遊びに興じたり、釣り、花火を楽しんだところ。東から滋香、澄祥、湧瑞、龍澤、浮翠の5つの亭がならび、清代、皇后の避暑地となっていた。

蚕壇／蚕坛 ★☆☆
cán tán
さんだん／サンタン

　おもに宮廷の皇后や妃の信仰を集めた蚕神がまつられた蚕壇。この蚕壇は清朝の1742年に建立され、以来、毎年春には皇后がここに参拝していた(中国では男耕女織という文化のもと、蚕の飼育と繭の採取、織物は女性の仕事だとされてきた。中国の絹織物はシルクロードを通じて、古代ローマに運ばれた)。

Dentou Jyukyo
胡同と中国の伝統住居

中国の伝統民居を今に伝える胡同
周囲を壁で囲んだ中庭をもつ
四合院と呼ばれる様式となっている

周囲を囲むという発想

　古くから異民族の侵入や王朝の興亡が続いてきた中国。こうした環境から中国では、「外部(敵)から内部を守る」という原則が強く、中国の住宅は四方を「(家を守る)壁」に囲まれている。また日本の都市と違って、中国の都市は周囲を「城壁」で囲むことで外敵に備え、さらには「万里の長城」を築いて異民族の侵入をふせぐといった共通した理念が見られる(「國」という文字にもそれが示されているという)。

四合院

　中央に院子と呼ばれる開放的な中庭をおき、その四方に建物を配して、さらに外側に壁をめぐらす四合院。内部は左右対称に部屋が配置され、中庭を囲む単位をひとつとして奥に繰り返すことで建物が展開する。この四合院は3000年前の周の時代からその伝統が受け継がれていると言われ、中国の宮殿や霊廟、仏教、道教、儒教などの宗教建築でも共通する(華北から中国全土へ伝わった)。胡同はこの四合院の代表的なもので、路地に対しては閉鎖的だが、内部の中庭に対しては開放的なつくりとなっている。

外部に対して閉鎖的な建物、風水をもとに設計されている

城壁で囲まれた中国の街、写真は山西省の平遥

中庭を中心に四方に建物を配する

厚い壁に、屋根瓦、漢字が彩る北中国の民居

南に開かれた門

　北京の胡同では南北方向の表通りに商店街、そこから東西に住宅地がつくられている。一般的に中国では、「天子南面せり」という言葉もあるなど門は南側に開かれるのがよいとされる(南に門を開けば太陽の光が室内に入る、といった実用性も兼ね備えられていた)。門をなかに進むと照壁、影壁などと呼ばれる目隠し壁がおかれ、それを迂回すると中庭にいたる。こうした中国の住居は、よい気の流れがまわるよう、風水をもとに設計されているという。

Shi Cha Hai Qian Hai
什刹海前海城市案内

下町の面影を残す什刹海界隈
胡同と呼ばれる路地が続き
そこでは昔ながらの暮らしぶりが見られる

什刹海／什刹海★★★
shí chà hǎi
じゅうさつかい／シーチャーハイ

　北京郊外の西山から流れこむ運河がつくった湖。西海、後海、前海と続き、十の寺があったことからこのあたりは什刹海と呼ばれている（そのほとんどがなくなった）。近くにはかつて北京のときを告げた鼓楼、鐘楼がそびえ、また醇王府（宋慶齢故居）など清朝の皇族が暮らした邸宅も見られる。什刹海近くには元代以来の伝統をもつ街並みもあり、北京の下町の面影を今に伝える胡同が残っている。

煙袋斜街／烟袋斜街★★☆
yān dài xié jiē
えんたいしゃがい／ヤァンダァイシィエジエ

　什刹海の近くに残る長さ232mほどの短い路地の煙袋斜街。元代には近くに釣り場があり、その当時から大都（元代の北京）有数の繁華街だった。明代には広福観、清代には慶雲楼といった寺廟があり、当初は湾曲するこの通りを鼓楼斜街といった。清朝中期、北京内城に暮らす満州族の旗人が、キセルで吸う刻みたばこや水タバコを好んだため、たばこ具（烟袋）店がこの通りにならんだ。そして、煙袋斜街と呼ばれるようになり、現在では「煙袋斜街」の牌楼が立つ。この煙袋

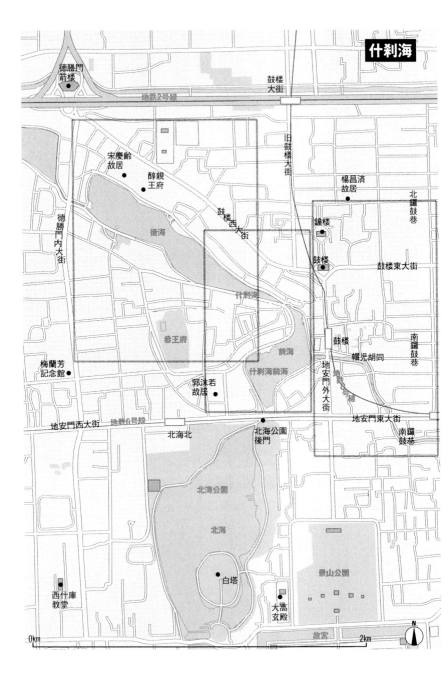

斜街の胡同に、さまざまな店舗が進出し、商業、観光の中心地になっている。

銀錠橋／银锭桥 ★☆☆
yín dìng qiáo
ぎんじょうきょう／イィンディンチャオ

　什刹海の前海と後海が交わる、とっくり状の細くなった部分に架かる銀錠橋。元代、このあたりには船着き場があり、続く明代に銀錠橋が整備され、銀錠橋界隈の風景は「城中第一佳山水(北京でもっとも美しい山水が見られる)」とたたえられた。橋の長さは8.3m、幅は7.9m、高さ4.35mになる。

火德真君廟／火德真君庙 ★☆☆
huǒ dé zhēn jūn miào
かとくしんくんびょう／フゥオダアチェンジュンミャオ

　什刹海すぐそばに位置する、火の神をまつる道教寺院の

★★★
什刹海／什刹海 shí chà hǎi シーチャーハイ
南鑼鼓巷／南锣鼓巷 nán luó gǔ xiàng ナンルゥオグウシャン

★★☆
煙袋斜街／烟袋斜街 yān dài xié jiē ヤァンダァイシィエジエ
鼓楼／鼓楼 gǔ lóu グウロウ
鐘楼／钟楼 zhōng lóu チョンロウ
醇親王府／醇亲王府 chún qīn wáng fǔ チュンチィンワァンフウ
恭王府／恭王府 gōng wáng fǔ ゴンワンフウ
德勝門箭樓／德胜门箭楼 dé shèng mén jiàn lóu ダアシェンメンジィアンロウ
北海公園／北海公园 běi hǎi gōng yuán ベイハイゴンユゥエン

★☆☆
大高玄殿／大高玄殿 dà gāo xuán diàn ダアガオシュアンディエン
白塔／白塔 bái tǎ バイタ
楊昌濟故居／杨昌济故居 yáng chāng jì gù jū ヤァンチャンジイグウジュウ
宋慶齡故居／宋庆龄故居 sòng qìng líng gù jū ソンチンリンジウジュウ
郭沫若故居／郭沫若故居 guō mò ruò gù jū グオモゥルオグゥジュウ
梅蘭芳記念館／梅兰芳纪念馆 méi lán fāng jǐ niàn guǎn メイランファンジイニェングァン
銀錠橋／银锭桥 yín dìng qiáo イィンディンチャオ
火德真君廟／火德真君庙 huǒ dé zhēn jūn miào フゥオダアチェンジュンミャオ
金錠橋／金锭桥 jīn dìng qiáo ジィンディンチャオ
帽兒胡同／帽儿胡同 mào er hú tòng マオアアフートン

火徳真君廟。唐代の632年創建で、什刹海の寺院でも最古の歴史をもち、明の万暦帝時代に宮廷で火災が続いたことを受け、1610年、琉璃碧瓦で重修された。その後、清朝乾隆帝時代の1759年にも重修され、主殿の火祖殿には赤い眉とひげの姿の火徳熒惑星をまつる。熒惑星とは火星のことで、火と火星が関連づけられて信仰されている（また火の神は、炎帝につらなるとも、祝融だともいう）。

金錠橋／金锭桥 ★☆☆
jīn dìng qiáo
きんじょうきょう／ジィンディンチャオ

　什刹海の水が東側に流れ出す地点に架かる金錠橋。21世紀に入ってから整備され、3つの孔をもつ漢白玉の石橋となっている。近くには、銀錠橋が残る。

鼓楼／鼓楼 ★★☆
gǔ lóu
ころう／グウロウ

　かつての北京城の北門があった地安門近くに位置する高さ45m、間口50mの鼓楼。時計がない時代、鼓楼などでつげられる太鼓や鐘の音で人々は時間を確認し、またここから慶事や非常警報も知らせていた（宋代に発明された水時計の銅製刻漏がおかれ、4つの壺に水を入れて、そのひとつが15分で空になる）。元代、大都の中心はこのあたりにあり、1272年、街中にときをつげる鼓楼（斉政楼）が建てられた。時代が変わった明代の1420年、その鼓楼があった場所の東側に再建されて、以来、明清時代をへて1920年ごろまで、北京ではこの鼓楼で太鼓を打つ音が聴こえていたと伝えられる。また1900年に起こった義和団の乱の鎮圧にあたって、日本軍がここに侵入し、そのときの刀のあとが太鼓に残っているという。

煙袋斜街は斜めにカーブしながら道が続く

火の神さまがまつられた火徳真君廟

鐘楼／钟楼 ★★☆
zhōng lóu
しょうろう／チョンロウ

　鼓楼の北100mにそびえる高さ47.9mの楼閣、鐘楼。明清時代、鼓楼の太鼓が鳴ったのを受けて、鐘楼で銅鐘を鳴らして時間を知らせていた。この場所には元の大都の中心にあった大天万寿万寧寺が立っていたが、13世紀後半になって鐘楼が建設された(元の大都ではこのあたりがもっともにぎやかな場所だったという)。明代の1420年に改築され、清代の1747年に再建されるなどいくども火災をこうむり、その都度再建されている。鼓楼が木造なのに対して、この鐘楼はレンガづくりとなっている。

楊昌済故居／杨昌济故居 ★☆☆
yáng chāng jì gù jū
ようしょうせいこきょ／ヤァンチャンジイグウジュウ

　鐘楼の北側、東西に伸びる豆腐池胡同の一角に残る楊昌済故居。楊昌済(1871〜1920年)は近代中国の倫理学者、教育者で、青年(湖南省)時代の毛沢東の師でもあった。南北30m、東西12mのこの胡同に毛沢東が暮らしたこともあった。

鼓楼とすぐ北側に立つ鐘楼

堂々とした建物の鼓楼

ここに一度水が集まり、前海にぬけていく銀錠橋

極彩色に彩られた煙袋斜街の牌楼

Shi Cha Hai Hou Hai
什刹海後海城市案内

前海、後海、西海と続く什刹海にあって
中心にあり、もっとも大きな湖の後海
周囲には清朝皇族の邸宅跡が残る

醇親王府／醇亲王府 ★★☆
chún qīn wáng fǔ
じゅんしんのうふ／チュンチンワンフウ

　清朝末期の皇帝、第11代光緒帝、第12代宣統帝(溥儀)、摂政の載灃を輩出した名門醇親王の邸宅。この建物は清朝康熙帝時代に整備されたもので、正院、住院、花園などからなり、清朝末期の1872年、16万両の銀をもって醇親王府として修繕された。もともと醇親王府は西城(南府)にあったが、皇帝を輩出した家は、宮殿に昇格させるか、仏教寺院にしなくてはならないため、1872年、什刹海にあった貝子が新たに醇親王府(北府)となった。愛新覚羅家のなかで、のちに龍(皇帝)になる人物を育んだことから「潜龍邸」と呼ばれた。2003年に改修されて公開され、清代の王府建築の代表格となっている。

西太后と醇親王

　醇親王家は、清朝末期にあって半世紀にわたって西太后や清朝政治の表舞台と関わってきた。第11代光緒帝、第12代宣統帝というように、続けて皇帝を輩出する名門の家柄は、西太后からも一目おかれ、また警戒されもした。ラストエンペラー溥儀は自著のなかで、「私の祖父の墓地には、白

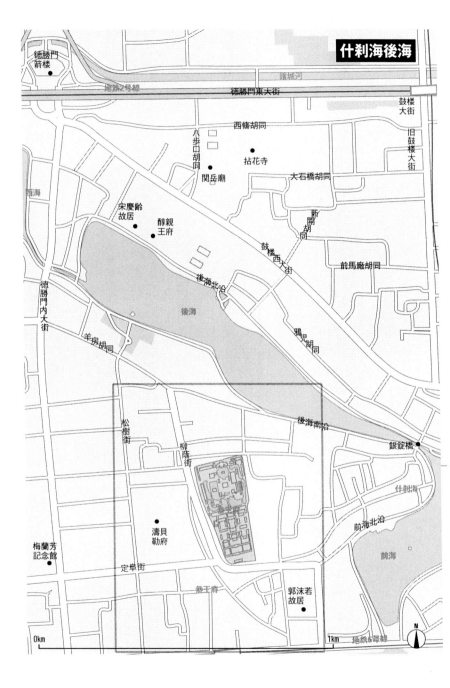

果樹(イチョウ)が植えられていた」「醇親王府から皇帝が出るのは、白果樹の『白』と『王』の文字をつなぐと『皇』になる」「それを聞いた西太后がすぐに人を遣わせて、その白果樹を切り倒させた」と記している。

宋慶齢故居／宋庆龄故居 ★☆☆
sòng qìng líng gù jū
そうけいれいこきょ／ソンチンリンジウジュウ

　　清朝を打倒した「革命の父」孫文の妻で、中華人民共和国の副主席(その後、名誉主席となった)をつとめた宋慶齢が晩年を過ごした宋慶齢故居。後海のほとりに立つ閑静なたたずまいの邸宅で、美しい中国式庭園をもつ。西太后が勢力をにぎる清朝末期、第11代光緒帝、第12代宣統帝(溥儀)を輩出した名門醇親王の醇王府がここにあったことで知られ、1949年の新中国建国後、中国革命の象徴的な人物である宋慶齢の邸宅となった。宋慶齢は1階を客間、食堂に、2階を寝室として庭で鳩にえさをやったり、映画を観たりしながら静かな晩年を過ごした(1963年から1981年までここで暮らした)。

★★★
什刹海／什刹海 shí chà hǎi シーチャーハイ

★★☆
醇親王府／醇亲王府 chún qīn wáng fǔ チュンチンワンフウ
恭王府／恭王府 gōng wáng fǔ ゴンワンフウ
德勝門箭楼／德胜门箭楼 dé shèng mén jiàn lóu ダァシェンメンジィアンロウ

★☆☆
銀錠橋／银锭桥 yín dìng qiáo インディンチァオ
宋慶齢故居／宋庆龄故居 sòng qìng líng gù jū ソンチンリンジウジュウ
関岳廟／关岳庙 guān yuè miào グゥアンユエミィァオ
拈花寺／拈花寺 niān huā sì ニィエンフゥアスー
郭沫若故居／郭沫若故居 guō mò ruò gù jū グオモッルオグゥジュウ
濤貝勒府／涛贝勒府 tāo bèi lè fǔ タァオベイラァフウ
梅蘭芳記念館／梅兰芳纪念馆 méi lán fāng jì niàn guǎn メイランファンジイニェングァン

新中国の象徴的存在

「ひとりは金を、ひとりは権力を、ひとりは中国を愛した」と言われる宋家の三姉妹の次女、宋慶齢。姉の宋靄齢は銀行家の孔祥熙に嫁ぎ、妹の宋美齢は蔣介石に嫁ぎ、宋慶齢は革命の父孫文に嫁いだ。孫文が指導した辛亥革命による1912年の清朝滅亡から、蔣介石の中華民国、中華人民共和国へといたる激動の時代を生きてきた宋慶齢は、中国革命の象徴的人物となっていた。蔣介石と宋家の人々が台湾に逃れたあとも、宋慶齢は中国に残り、毛沢東と周恩来によって北京にまねかれることになった。当初、「孫文と別れた北京（孫文は北京で客死）」へ行くことをこばんでいたが、1949年10月1日、天安門に立ち、中華人民共和国の建国式典に参加した。

関岳廟／关岳庙 ★☆☆
guān yuè miào
かんがくびょう／グゥアンユエミャオ

三国志の関羽（〜219年）と、南宋の「救国の英雄」岳飛（1103〜42年）というふたりの武の神さまをまつった関岳廟。もともと清朝皇族の醇親王廟（道光帝の第7子愛新覚羅奕譞の北祠）だったところで、中華民国時代の1914年に関岳廟となった。当時の北洋軍閥の袁世凱（1859〜1916年）には、帝政を確立する意図があり、軍人崇拝への道すじをつくり、関羽と岳飛を合祀した。

拈花寺／拈花寺 ★☆☆
niān huā sì
ねんかじ／ニィエンフゥアスー

後海の北側、大石橋胡同の一角に残る仏教寺院の拈花寺。明の万暦帝の1581年に建てられ、千仏閣にまつられている明代鋳造の毘廬世尊蓮花宝千仏から、かつては千仏寺ともいった。1734年に重修されて拈花寺となり、拈花寺という

梅蘭芳記念館で見た京劇の衣装

20世紀の中国を代表する文人、郭沫若故居

胡同で見かけたヨーグルト（酸奶）

北京城の北の守りを固めた徳勝門箭楼

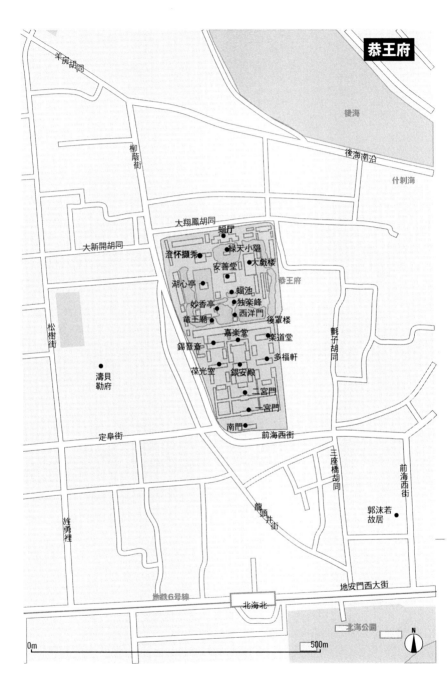

名前は「ブッダが花を手にして人々に示したとき、弟子がその意味を理解した」という故事にちなむ。長いあいだ荒廃していたが、21世紀になってから再興された。

郭沫若故居／郭沫若故居 ★☆☆
guō mò ruò gù jū
かくまつじゃくこきょ／グオモゥルオグゥジュウ

　20世紀中国を代表する学者、作家である郭沫若が暮らした郭沫若故居(故宮の神武門にある「故宮博物院」の額は郭沫若の手による)。四川省に生まれた郭沫若は、日本の九州大で医学を学んだあと中国に帰国し、革命文学を提唱して北伐に加わるなどした。この故居には郭沫若の書画や蔵書、銅像がおかれ、当時の生活を伝える展示が見られる。この敷地は清朝の乾隆帝時代に和珅の花園があったところで、のちに恭王府の一部となっていた。

恭王府／恭王府 ★★★☆
gōng wáng fǔ
きょうおうふ／ゴンワンフゥ

　什刹海の一角にたたずむ清朝の貴人が暮らした邸宅、恭王府。18世紀、清朝乾隆帝の寵愛を受けた和珅の住居として建てられ、清朝末期になって満州族の皇族、恭親王の邸宅となった(乾隆帝死後、専横を行なった和珅の邸宅からは国家歳入の10倍にあたる8億両が没収されたという)。ふたつのアヘン戦争や太平天国の乱が起こった清朝末期にあって、恭親王は西太后

★★★
什刹海／什刹海 shí chà hǎi シーチャーハイ

★★☆
北海公園／北海公園 běi hǎi gōng yuán ベイハイゴンユゥエン
恭王府／恭王府 gōng wáng fǔ ゴンワンフゥ

★☆☆
郭沫若故居／郭沫若故居 guō mò ruò gù jū グオモゥルオグゥジュウ
涛貝勒府／涛贝勒府 tāo bèi lè fǔ タァオベイラァフウ

満州族の名門が暮らした醇王府と宋慶齢故居

恭王府の様子、紅楼夢の世界が広がる

とともに清朝の実権をにぎった人物として知られる(やがて失脚する)。恭王府では広大な敷地に庭園と宮殿が展開し、清朝末期の皇族の暮らしぶりを伺うことができる。

清朝末期の人間模様

　清朝第8代道光帝の跡継ぎ候補に、4男奕詝(えきちょ、のちの第9代咸豊帝)、5男奕誴(えきそう、のちの惇親王)、6男奕訢(えききん、のちの恭親王)、7男奕譞(えきけん、のちの醇親王で、その子が光緒帝、その孫が宣統帝)がいた。西太后(第9代咸豊帝の妃で、第10代同治帝の生母)は東太后と恭親王と結んでクーデターを起こし、主流派の粛順を追い落として清朝の実権をにぎり、幼帝である同治帝に代わって政治を行なった。晩年、西太后は恭親王を遠ざけ、その弟の醇親王奕譞を重んじ、海軍の軍事費を頤和園の造営にあてるように命じている。

濤貝勒府／涛贝勒府 ★☆☆
tāo bèi lè fǔ
とうばいろくふ／タァオベイラァフウ

　濤貝勒府は、清朝の皇族である愛新覚羅載濤(1887〜1970年)の邸宅跡。載濤はラストエンペラー溥儀の叔父にあたり、清朝では軍務を担当したが、辛亥革命以後、その役割を失った。亭、池、地形にあわせた回廊、緑樹、花園が見られ、四合院様式の建物が残る。1949年以後は中学として使われた。

梅蘭芳記念館／梅兰芳纪念馆 ★☆☆
méi lán fāng jì niàn guǎn
ばいらんほうきねんかん／メイランファンジイニェングァン

　梅蘭芳記念館は京劇の名優、梅蘭芳が1950年からその晩年まで住んだ住居跡で、清代には官吏の邸宅がおかれていた。1894年、北京外城の大人胡同(内城は満州族のためのもので漢族は外城に住んだ)で京劇の名門に生まれた梅蘭芳は、清朝か

什刹海のほとりで食べた料理、中国各地の料理が味わえる

かつて名優が暮らした、梅蘭芳記念館

恭王府の屋根瓦、緑の瑠璃瓦でふかれている

地元の人々が集まる料理店、锅贴(鍋貼)とは焼き餃子のこと

ら民国へ移る時代にあって11歳で舞台に立ち、優れた演技を見せるようになった。日本やアメリカ、ロシアで公演するなど、中国の伝統芸能である京劇の芸術性を紹介し、世界的な名声をはくした。また日中戦争時にはひげを伸ばしたり、自ら病になる(腸チフスのワクチンを注射)ことで舞台に立つのをやめたという逸話が残り、1949年の新中国成立にあたって毛沢東が「あなたは私より有名だ」と言ったことで知られる。

Shi Cha Hai Xi Hai
什刹海西海城市案内

徳勝門すぐそばに位置する西海
北京の水源となる西山の水はここから
故宮、皇城、内城、外城へと流れていく

徳勝門箭楼／德胜门箭楼 ★★☆
dé shèng mén jiàn lóu
とくしょうもんせんろう／ダァシェンメンジィアンロウ

　かつての北京城北側に立ち、内城と街の外をわけた徳勝門。半月形の城台のうえに立つ巨大な4層の箭楼には防御のための矢の窓が82個あり、外敵に備えられていた。モンゴル族の元を北京から追い払うことで明の北京城の建設がはじまったが、徳勝門から西直門まで城郭が斜めになり、北京の左右対称がくずれているのは、モンゴル族の反撃を恐れて工事を急いだためだという。

北京古代貨幣博物館／北京古代货币博物馆 ★☆☆
běi jīng gǔ dài huò bì bó wù guǎn
ぺきんこだいかへいはくぶつかん／ベイジィングウダァイフゥオビイボオウウグゥアン

　1993年、徳勝門箭楼の下の関帝廟のなかに開館した北京古代貨幣博物館。中国で最初期に使われていた貝や布のお金、また四角形、刀形、円形の貨幣、銅銭や紙幣などさまざまな貨幣が展示されている(春秋戦国時代、各地で異なる形の貨幣が流通していたが、始皇帝による中華統一で円形の銭が定着した)。

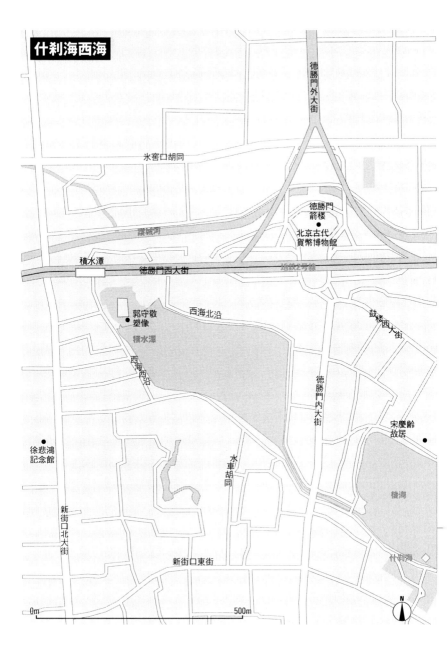

積水潭／积水潭 ★☆☆
jī shuǐ tán
せきすいたん／ジーシュイタン

　13世紀の元代に現在の北京の骨格ができあがったと言われ、宮廷の近くには太液池と積水潭と呼ばれるふたつの湖が広がっていた。元の宮廷があった太液池が今の北海と中海、積水潭が前海、後海、西海にあたり、積水潭は運河を通じて海へつながる物流の拠点となっていた（華北は豊かな南方に物資、労働力などを頼っていた。また海路は東南アジアやインドへと続いた）。

郭守敬塑像／郭守敬塑像 ★☆☆
guō shǒu jìng sù xiàng
かくしゅけいそぞう／グオショウジンスゥシィヤン

　積水潭の、水がちょうど北京中心部へ流れていく位置に立つ郭守敬塑像。郭守敬はフビライ・ハンの命で大都（北京）と通州を結ぶ運河の開削にとりかかり、50km先の通州まで計11箇所に水門をつくって閘門式にすることで、工事を完成させた（2万人を動員した高低差37mの難工事で、フビライがなくなる前年の1293年に完成した）。郭守敬はそのほかにも機械時計や暦の授時暦（公転周期との差は26秒）を計算したほか、霊台と呼ばれる天文台の造営でも知られる。

★★★
什刹海／什刹海 shí chà hǎi シーチャーハイ

★★☆
德勝門箭楼／德胜门箭楼 dé shèng mén jiàn lóu ダァシェンメンジィアンロウ

★☆☆
北京古代貨幣博物館／北京古代货币博物馆 běi jīng gǔ dài huò bì bó wù guǎn ベイジィングゥダァイフゥオビイボオウウグゥアン
積水潭／积水潭 jī shuǐ tán ジーシュイタン
郭守敬塑像／郭守敬塑像 guō shǒu jìng sù xiàng グオショウジンスゥシィヤン
徐悲鴻記念館／徐悲鸿纪念馆 xú bēi hóng jì niàn guǎn シュウベイホォンジイニィエングゥアン

積水潭の郭守敬記念館、小高い丘に立つ

フビライ・ハンの命で工事を進めた郭守敬

徐悲鴻記念館／徐悲鸿纪念馆 ★☆☆
xú bēi hóng jì niàn guǎn
じょひこうきねんかん／シュウベイホォンジイニィエングゥアン

　近代中国を代表する画家の徐悲鴻(1894〜1953年)にまつわる徐悲鴻記念館。徐悲鴻は日本やフランスで絵画を学び、数々の西洋画を残し、とくに馬の絵で知られた(新中国建国後は中央美術学院長に就任し、美術教育にもあたった)。死後、徐悲鴻が北京で暮らした東城区東受禄街の故居が記念館になったが、その後の1966年にこちらの西城区で開館した。徐悲鴻が得意とした西洋画、馬の絵はじめ、中国画、素描、書法などの作品も展示されている。

Nan Luo Gu Xiang
南鑼鼓巷城市案内

元(1260〜1368年)の大都の街区を残す南鑼鼓巷
いくつもの胡同が走る
今では観光地となっている

南鑼鼓巷／南锣鼓巷★★★
nán luó gǔ xiàng
なんらここう／ナンルゥオグゥシャン

　什刹海の東側に位置し、北京伝統の胡同文化を今に伝える路地の南鑼鼓巷。1265年に元の大都が造営されたとき、里坊制という碁盤の目状の街区がつくられ、南鑼鼓巷は当時の街区を残す北京でもっとも古い通りのひとつとなっている。元代には軍人やその家族、明清時代からは官吏や皇族などが南鑼鼓巷に暮らした。全長787m、幅8mの通りは、あたかもラクダの背のように、通りの真んなかが高く、南北が低い。そこからアーチ型の、また(腰などの)曲がった「羅鍋巷 luó guō xiàng」と呼ばれていた。清朝乾隆帝時代(1750年)の『京城全図』には、羅鍋巷と同音の「南鑼鼓巷 nán luó gǔ xiàng」という表記が見られ、通りは北側の北鑼鼓巷へと続く。南鑼鼓巷の東側に炒豆胡同、板廠胡同、東棉花胡同、北兵馬司胡同、秦老胡同、前圓恩寺胡同、後圓恩寺胡同、菊児胡同、西側に福祥胡同、蓑衣胡同、雨児胡同、帽児胡同、景陽胡同、沙井胡同、黒芝麻胡同、前鼓楼苑胡同が伸び、灰色、四合院様式の建物が連続する。2003年ごろから北京の伝統民居胡同が残る南鑼鼓巷に、カフェやバー、レストランが進出し、多くの若者を集めるようになった。

僧王府／僧王府 ★☆☆
sēng wáng fǔ
そうおうふ／セェンワンフウ

　王府井という名称は、明代、このあたりに王府（王族の邸宅）がいくつもあったことに由来する。炒豆胡同に残る僧王府は、元のチンギス・ハンの弟ジョチ・カサル第26代子孫である僧王こと僧格林沁の邸宅だった（満州族の清朝はモンゴル族、チベット族の協力を得て、漢族を統治した）。保存状態のよい胡同で、四合院内には通常冬に使う炕（オンドル）はなかった。また門前の両側には馬をつなぐための石が残っている。

中央戯劇学院／中央戏剧学院 ★☆☆
zhōng yāng xì jù xué yuàn
ちゅうおうぎげきいん／チョンヤンシイジュウシュエユウエン

　中央戯劇学院は、演技、舞台美術、音楽、京劇、歌劇などを学ぶ中国屈指の演劇国立大学。1938年、中国共産党の拠点であった延安で設立した魯迅芸術学院をはじまりとし、1949年に中央戯劇学院となった。ここ東棉胡同のほか、昌平にも校舎がある。「中戯」の愛称で知られ、俳優や監督など映画界に多くの人材を送り出してきた。

★★★
什刹海／什刹海 shí chà hǎi シーチャーハイ
南鑼鼓巷／南锣鼓巷 nán luó gǔ xiàng ナンルゥオグゥシャン

★★☆
鼓楼／鼓楼 gǔ lóu グウロウ
鐘楼／钟楼 zhōng lóu チョンロウ

★☆☆
僧王府／僧王府 sēng wáng fǔ セェンワンフウ
中央戯劇学院／中央戏剧学院 zhōng yāng xì jù xué yuàn チョンヤンシイジュウシュエユウエン
帽児胡同／帽儿胡同 mào er hú tòng マオアアフートン
可園／可园 kě yuán カアユエン
万慶当舗旧址／万庆当铺旧址 wàn qìng dàng pù jiù zhǐ ワンチンダァンプウジィウチイ
茅盾故居／茅盾故居 máo dùn gù jū マオドゥングウジュウ
蒋介石行轅／蒋介石行辕 jiǎng jiè shí xíng yuán ジィアンジエシイシィンユゥエン
菊児胡同／菊儿胡同 jú er hú tòng ジュウアアフートン
皇城根遺址公園／皇城根遗址公园 huáng chéng gēn yí zhǐ gōng yuán フゥアンチェンゲンイイチイゴォンユゥエン

胡同を利用した店舗がならぶ南鑼鼓巷

帽児胡同／帽儿胡同 ★☆☆
mào er hú tòng
ぼうじふーとん／マオアァフートン

　南鑼鼓巷から什刹海まで続き、明清時代以来の四合院が連続する帽児胡同。清朝末期に活躍した多くの人物を輩出したことでも知られ、大学士文煜(〜1884年)がつくった可園や文煜宅、袁世凱と結び中華民国の大総統となった馮国璋(1857〜1919年)の故居、ラストエンペラー溥儀の妻となった婉容の故居(婉容花園、娘娘府、承恩公府)などが位置する。明代、この地には文昌宮があったことから梓潼廟文昌宮胡同と呼ばれていたが、清代、帽子を制作する工房が店を構えていたことから帽児胡同となった。

可園／可园 ★☆☆
kě yuán
かえん／カアユュエン

　清代、北京の統治者であった満州族の皇族や有力者が多く暮らした帽児胡同。その一角に残る可園は、光緒帝時代の大学士文煜(〜1884年)の花園で、北京の私家園林のなかでもっとも美しいと言われる。文煜は1857年に蘇州に赴任し、北京帰京後の1861年に蘇州や江南の名園をもとにして可園を修建した。清朝末期の同時期に、蘇州(江蘇省)、東莞(広東省)で、同じ名前の可園が造営され、それぞれその地方を代表する庭園となっている。

万慶当舗旧址／万庆当铺旧址 ★☆☆
wàn qìng dàng pù jiù zhǐ
まんけいとうはきゅうし／ワンチンダンプウジィウチイ

　南鑼鼓巷の通り沿いに位置し、レンガの積まれた高い壁が続く万慶当舗跡。万慶当舗は客から衣服や商品などの質物(物品)を担保として預かる代わりに、お金を貸しつけた質屋だった。中国の質屋は南北朝時代(5〜6世紀)にさかのぼる

かつて北京経済の一角をになった質屋の万慶当舗旧址

圓恩寺胡同に残る茅盾故居

南鑼鼓巷からムカデの足状に胡同が伸びる

路地を意味する胡同では灰色の壁と屋根瓦が続く

南鑼鼓巷は700年以上前からある通り

と言われ、明清時代の北京でも人々の生活の金融機能を果たしていた。質屋は銀行業の先がけだとされたが、1949年に新中国が誕生すると質屋という仕事がとり締まられた。万慶当舗旧址では、高さ5mほどの壁が南北に35mに渡って続き、「萬慶」の文字が見える。

茅盾故居／茅盾故居 ★☆☆
máo dùn gù jū
ぼうじゅんこきょ／マオドゥングウジュウ

　小説家茅盾(1896～1981年)の暮らした二進式四合院の茅盾故居。茅盾は北京大学中退後、1916年から商務印書館で編集、翻訳、批評などを行い、外国文学を紹介する一方で、政治活動にも参加している。1920年の成立以来、共産党に入党し、日本への亡命、香港、重慶と転々としながら、茅盾は中国の社会構造や農村をテーマにした小説を発表した。茅盾は1974年から81年に亡くなるまで、ここ北京圓恩寺胡同で暮らした。茅盾故居は、茅盾死後の4周年にあたる1985年に開館し、茅盾故居という四文字は周恩来妻の鄧穎超による。

蒋介石行轅／蔣介石行轅 ★☆☆
jiǎng jiè shí xíng yuán
しょうかいせきあんえん／ジィアンジエシイシィンユゥエン

　長さ440mの後圓恩寺胡同に残る蒋介石行轅。清代、皇族の載寯の邸宅だったところで、西洋式の建築と北京の四合院のあわさった様式をもつ。1945年の日中戦争勝利後、蒋介石が北京滞在時に拠点をおいたことから、蒋介石行轅の名がある。

菊児胡同／菊儿胡同 ★☆☆
jú er hú tòng
きくじふーとん／ジュウアアフートン

　菊児胡同は全長438m、幅6mの小さな胡同で、通りには西

太后に仕えた栄禄(1836〜1903年)の家が位置した。明代には局児胡同、清代中期には桔(オレンジ)児胡同と呼ばれていたが、ラストエンペラーのときに「桔(jú)」という文字と同じ音の「菊(jú)」が使われるようになった(文革のときは、大躍進路八条と呼ばれていた)。

張自忠路城市案内

Zhang Zi Zhong Lu

段祺瑞執政府旧址や文天祥の祠
張自忠路界隈に残るこれらの遺構は
北京の歴史の厚みを感じさせる

段祺瑞執政府旧址／段祺瑞执政府旧址 ★☆☆

duàn qí ruì zhí zhèng fǔ jiù zhí

だんきずいしっせいふきゅうし／ドゥアンチイルゥイチイチェンフウジゥウチイ

　清代、ここ鉄獅子胡同には皇族が暮らす和親王府、貝勒斐蘇府、和敬公主府があった。1911年の辛亥革命後、北洋政府の海軍の所在地となり、「北洋の虎」と呼ばれた段祺瑞(1865～1936年)の政府がここにおかれた。段祺瑞は北洋武備学堂の出身であり、袁世凱の参謀として頭角を現した。そして1916年の袁世凱死後、国務総理と陸軍総長を兼任し、段祺瑞は北京政府の実権を掌握した。1917～18年に日本の寺内正毅内閣の援助を受け、広東などの軍閥を弾圧している。1924年の奉直戦争の結果、段祺瑞は臨時執政に就任し、1926年、三・一八事件でデモを弾圧し、下野することになった。1928年の蒋介石の国民政府による北伐で勢力を失い、上海で亡くなった。段祺瑞執政府旧址は、ヨーロッパ古典風の外観で、中央には時計塔が立つ。日中戦争時代、日本華北駐屯軍総司令部になったという経緯もある。

和敬公主府／和敬公主府 ★☆☆

hé jìng gōng zǔ fǔ

わけいこうしゅふ／ハアジィンゴォンチュウフウ

　和敬公主府は、清朝乾隆帝の第3女である和敬公主(1731～

92年)の暮らした邸宅跡。和敬公主はモンゴル族ボルジギン氏のバルジュルを夫とし、和敬公主府はこの夫婦に与えられた(清朝はモンゴル族の有力氏族と血縁関係を結んだ)。四合院様式の建物で、清朝滅亡後の1923年、北京政府の軍人張宗昌のものになった。

文丞相祠／文丞相祠 ★☆☆
wén chéng xiāng cí
ぶんじょうしょうし／ウェンチェンシアンツー

府学胡同に残る「南宋の忠臣」文天祥の碑。江西省に生まれた文天祥は科挙に合格したが、直情径行の性格から中央では嫌われ、江西省の贛州で過ごしていた。そうしたなか、北方から南宋攻略をうかがうモンゴル軍に対して、1274年、勤王の詔(檄文)が届けられ、それを受けて文天祥は南宋の危機にたちあがった。南宋の臣下は蒲寿庚はじめモンゴル軍に寝返るものも多かったが、文天祥は南宋の宮廷に最後まで忠義をつくし、北京で処刑され、明の永楽帝時代に祠が建てられた。

処刑される文天祥

モンゴルの攻勢の前に、杭州から福建省の福州、泉州へと南方へと南宋の宮廷は逃れていた。モンゴル軍に抵抗するのは文天祥などの武将、また張世傑、陸秀夫といった武将が帝を守っていた。モンゴルと南宋の最後の決戦は、マカオ近くの厓山で行なわれ、結果、モンゴルの勝利がはっきりする

★★★
南鑼鼓巷／南锣鼓巷 nán luó gǔ xiàng ナンルゥオグゥシャン

★☆☆
段祺瑞執政府旧址／段祺瑞执政府旧址 duàn qí ruì zhí zhèng fǔ jiù zhǐ ドゥアンチイルウイチイチェンフウジィウチイ
和敬公主府／和敬公主府 hé jìng gōng zǔ fǔ ハアジィンゴォンチュウフウ
文丞相祠／文丞相祠 wén chéng xiāng cí ウェンチェンシアンツー
田漢故居／田汉故居 tián hàn gù jū ティエンハングウジュウ

と、陸秀夫は妻子を海中に、9歳の帝を背にして、海へ身を投げた(源平の壇ノ浦の合戦とくらべられる)。文天祥は潮州の山岳地帯でとらえられ、北京で軟禁されることになった。フビライ・ハンからも丁重に扱われたが、「生き恥を夷狄にさらすよりは潔く生命を立つ」「自らは宋の忠臣であるから、すみやかに吾を処刑せよ」として二君に仕えず、文天祥は儒教的美学をつらぬいた。

田漢故居／田汉故居 ★☆☆
tián hàn gù jū
でんかんこきょ／ティエンハングウジュウ

　細管胡同に残る中国の劇作家田漢(1898～1968年)の故居。田漢は日本留学、日中戦争をへて、新中国成立後に中国演劇界で最高指導者となった(中国の国歌である『義勇軍行進曲』は田漢が作詞した)。一方、文革でその歴史劇『謝瑶環』が反社会主義的であるとされ、獄死したが、死後の1979年に名誉回復された。当初、北京飯店や公的な宿舎で起居していたが、1953年に二進四合院様式のこの故居に遷った。そして1968年まで、80歳を超える母と暮らし、ナスやきゅうり、ピーマン、かぼちゃなどを栽培していた。

北洋軍閥の段祺瑞執政府旧址、20世紀初頭の建築

清朝と協力関係にあったモンゴル族に嫁いだ和敬公主府

あたりは王府や公主府といった清朝有力者の邸宅があった

チンギス・ハンに連なる僧格林沁=センゲリンチンに関する説明

金と黒、幾何学的な外観をもつ成都博物館新館

Yong He Gong
雍和宮鑑賞案内

満州族の清朝皇族は
チベット仏教を信仰していた
雍和宮は北京におけるチベット仏教の拠点

雍和宮／雍和宮 ★★★
yōng hé gōng
ようわきゅう／ヨンハァゴン

　北京におけるチベット仏教の総本山となっている雍和宮。清朝の1694年に建立され、第5代雍正帝の即位前の邸宅（雍親王府）がおかれていたため、宮殿を彷彿とさせる伽藍配置になっている。皇帝を輩出した建物は、臣下の居住が認められないため、1725年、敷地半分がチベット仏教寺院に改修され、屋根瓦も皇帝を意味する黄色に変えられた。1744年、乾隆帝の命で正式にチベット仏教寺院となり、チベット、モンゴルをふくむすべてのチベット仏教寺院を管轄するようになった。こうした歴史から漢族、チベット族、モンゴル族の建築様式が融合し、活仏の滞在する場所、学堂、僧房を備え、線香をあげる多くの人々が見られる。

天工殿／天王殿 ★☆☆
tiān wáng diàn
てんのうでん／ティエンワンディエン

　極彩色の牌坊と昭泰門をぬけたところに立つ天王殿。中央にまつられた弥勒菩薩の東西に増長天王、持国天王、多聞天王、広目天王の四天王がならぶ。

雍和宮大殿／雍和宮大殿 ★☆☆
yōng hé gōng dà diàn
ようわきゅうだいでん／ヨンハァゴンダァディエン

　雍和宮の主要な楼閣である雍和宮大殿。燃燈仏、釈迦仏、弥勒仏の三世仏(それぞれ過去、現在、未来を意味する)が見られ、密教的な要素が指摘される。

永佑殿／永佑殿 ★☆☆
yǒng yòu diàn
えいゆうでん／ヨンヨウディエン

　雍和宮大殿の後方に位置する永佑殿。無量寿仏を中心に大日如来、薬師如来がまつられている。清代、親王時代の雍正帝がここを正寝殿としていた。

法輪殿／法轮殿 ★☆☆
fǎ lún diàn
ほうりんでん／ファルンディエン

　雍和宮で最大規模の伽藍をもつ法輪殿。本尊には高さ6mのツォンカパ像(チベット仏教のゲルク派の祖)がまつられている。また東西の配殿では男女が交わった歓喜仏などの彫刻

★★★
什刹海／什刹海 shí chà hǎi シーチャーハイ
南鑼鼓巷／南锣鼓巷 nán luó gǔ xiàng ナンルゥオグゥシャン
雍和宮／雍和宫 yōng hé gōng ヨンハァゴン

★★☆
鼓楼／鼓楼 gǔ lóu グゥロウ
鐘楼／钟楼 zhōng lóu チョンロウ
孔廟／孔庙 kǒng miào コンミャオ

★☆☆
段祺瑞執政府旧址／段祺瑞执政府旧址 duàn qí ruì zhí zhèng fǔ jiù zhǐ ドゥアンチイルゥイチィチェンフゥジィウチイ
国子監街／國子监街 guó zǐ jiān jiē グゥオズウジィエンジエ
国子監／國子监街 guó zǐ jiān グオツージアン
地壇公園／地坛公园 dì tán gōng yuán ディタンゴンユエン
南新倉文化休閒街／南新仓文化休闲街 nán xīn cāng wén huà xiū xián jiē ナァンシィンツァンウェンフゥアシゥシィエンジエ
ロシア大使館(聖ニコライ聖堂)／俄罗斯大使馆 é luó sī dà shǐ guǎn アルゥスーダァシィグァン
南館公園／南馆公园 nán guǎn gōng yuán ナァングゥアンゴンユゥエン
東直門／东直门 dōng zhí mén ドンチィメン

即位前の清朝第5代雍正帝は雍和宮を邸宅としていた

皇帝を生んだ邸宅は仏教寺院に転用された

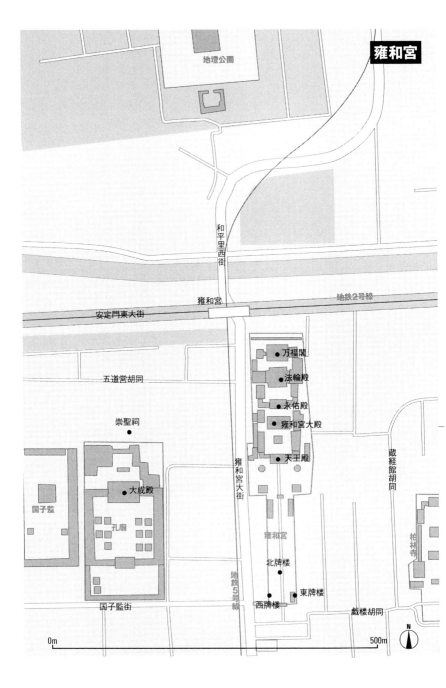

が見られる。

万福閣／万福阁 ★☆☆
wàn fú gé
まんふくかく／ワンフウガァ

　高さ20m、三層からなる楼閣をもつ万福閣。ダライ・ラマ7世から清朝乾隆帝に送られた高さ18mの万達拉仏が安置されている(そのため大仏楼とも呼ばれる)。この仏像は、ネパール産の1本の白檀香木で彫られたものだという。

胤禛（雍正帝）の住宅

　第4代康熙帝、第5代雍正帝、第6代乾隆帝へと続く時代が清朝の黄金期とされる。雍正帝はそれまでの官吏が中心に政治を行なっていた内閣から、皇帝による独裁体制を確立し、地方から届く上奏文を自ら確認するなど政務にはげみ、清朝繁栄の礎を築いた。1725年、雍正帝は自らが育った雍親王府の半分をチベット仏教寺院に、半分を行宮とし、ここを雍和宮と名づけた。雍正帝の遺体が安置されていたこともあるほか、第6代乾隆帝はここで誕生している。

★★★
雍和宮／雍和宫 yōng hé gōng ヨンハァゴン
★★☆
孔廟／孔庙 kǒng miào コンミャオ
★☆☆
天王殿／天王殿 tiān wáng diàn ティエンワンディエン
雍和宮大殿／雍和宫大殿 yōng hé gōng dà diàn ヨンハァゴンダァディエン
永佑殿／永佑殿 yǒng yòu diàn ヨンヨウディエン
法輪殿／法轮殿 fǎ lún diàn ファルンディエン
万福閣／万福阁 wàn fú gé ワンフウガァ
国子監街／国子监街 guó zǐ jiān jiē グゥオズウジィエンジエ
大成殿／大成殿 dà chéng diàn ダァチェンディエン
崇聖祠／崇圣祠 chóng shèng cí チョンシェンツー
国子監／國子監街 guó zǐ jiān グオツージアン
五道営胡同／五道营胡同 wǔ dào yíng hú tòng ウウダァオインフートン
地壇公園／地坛公园 dì tán gōng yuán ディイタンゴンユエン
柏林寺／柏林寺 bó lín sì ボオリィンスウ

雍和宮で線香をあげる人々、満蒙漢の文化が共存する

皇帝を意味する黄色の瑠璃瓦でふかれている

Guo Zi Jian Jie
国子監街城市案内

北京におけるチベット仏教の総本山雍和宮
その近くには学問の神様である孔子をまつった孔廟
北京の大学があった国子監などがならぶ

国子監街／國子監街 ★☆☆
guó zǐ jiān jiē
こくしかんがい／グゥオズウジィエンジエ

　雍和宮から西に向かって走る全長669m、幅11mの国子監街。この通りには、学問の神さま孔子をまつる孔廟と、明清時代の最高学府だった国子監がならび立つ文教地区として知られてきた(「東廟西学」)。清朝乾隆帝は「北京は中国でもっともよい場所、そのなかでも国子監あたりがもっともよい場所だ」と言ったという。この通りは清朝以前、成賢街と呼ばれていたが、乾隆帝時代に国子監街と改名された。牌楼の扁額にはより古い名前の「成賢街」が記されている。

孔廟／孔庙 ★★☆
kǒng miào
こうびょう／コンミャオ

　故宮の北東に国子監とならんで立つ孔廟(文廟)。中国で2000年以上続く儒教の孔子がまつられ、明清時代には科挙の合格者がここと隣りの国子監を訪れたほか、皇帝が祭祀を行なうこともあった。この孔廟はフビライ・ハンの時代(1273年)におかれた孔子廟をはじまりとし、その後、1287年に国子監がつくられたとされる。明清時代を通じて改築が繰り返され、とくに明の万暦帝年間(1600年)に屋根が緑の瑠

璃瓦でふかれ、清の乾隆帝年間(1737年)に黄金の瑠璃瓦でふかれた。

孔子とは

中国の街には「学問の神様」孔子をまつる廟が必ずあり、漢の武帝の時代(紀元前136年)に国教となって以降、儒教は歴代王朝から保護を受けてきた。この儒教は春秋時代(紀元前5世紀ごろ)に生きた孔子の言葉をその弟子たちが伝え、儒学者によって体系づけられた(春秋という言葉も孔子編纂の魯の年代記にちなむ)。孔子は周公の周の時代を理想とし、祖先をまつる祭祀、宗族制などで世界を秩序づけ、君主は礼や徳をもって民にのぞむことを説いた。

大成殿／大成殿 ★☆☆
dà chéng diàn
たいせいでん／ダァチェンディエン

孔廟の本殿にあたる大成殿には、孔子がまつられている。両脇の拝殿には孔子の弟子や儒者の位牌がおかれているほか、清代の楽器や祭器も見える(儒教では礼楽が重んじられた)。大成という名前は、孟子の「孔子は聖の時なる者なり、孔子

★★★
南鑼鼓巷／南锣鼓巷 nán luó gǔ xiàng ナンルゥオグゥシャン
雍和宮／雍和宫 yōng hé gōng ヨンハァゴン

★★☆
孔廟／孔庙 kǒng miào コンミャオ

★☆☆
国子監街／國子監街 guó zǐ jiān jiē グゥオズウジィエンジエ
国子監／國子監 guó zǐ jiān グオツージアン
五道営胡同／五道营胡同 wǔ dào ying hú tòng ウウダアオインフートン
地壇公園／地坛公园 dì tán gōng yuán ディイタンゴンユェン
菊児胡同／菊儿胡同 jú er hú tòng ジュウアアフートン
段祺瑞執政府旧址／段祺瑞执政府旧址 duàn qí ruì zhí zhèng fǔ jiù zhǐ ドゥアンチイルゥイチイチェンフウジィウチイ
和敬公主府／和敬公主府 hé jìng gōng zǔ fǔ ハァジンゴンチュウフウ
文丞相祠／文丞相祠 wén chéng xiāng cí ウェンチェンシアンツー
田漢故居／田汉故居 tián hàn gù jū ティエンハングウジュウ

孔廟に飾られている楽器、儒教では音楽が重要視された

孔廟へ続く胡同、極彩色の牌楼が立つ

南の天壇公園に対置する地壇公園

雍和宮近くの胡同で食べた豆腐、ネギがふんだんに使われている

は之を集めて大成す」に由来する。

崇聖祠／崇圣祠 ★☆☆
chóng shèng cí
すうせいし／チョンシェンツー

　大成殿の北側に位置する崇聖祠。孔子廟の一部だったが、礼制改革が行なわれた明の嘉靖帝の時代(1530年)に現在のかたちになった。もともと孔子の父である叔梁紇(啓聖王)がまつられていたが、清代の雍正帝の時代(1723年)に儒教の先師5代をまつるようになった。

国子監／國子監 ★☆☆
guó zǐ jiàn
こくしかん／グオツージアン

　明清時代、中国各地から優秀な学生が集まった最高学府である国子監(子弟を通わす公卿大夫が国に列するところから国子という名前がとられたという)。この国子監では、経典を勉強する経義科、法律や経済など政治に関する治事科などがあり、『四書五経』などの儒教経典、祭礼や作法を身につけた官吏を教育するのが目的だった。国子監の伝統は漢代からあり、北京の国子監は元代から続く(科挙とは異なる登用法で、大学の役割をはたしていた)。国子監には祭酒(大学総長)、司業(副総長)がいて、隣の孔廟とともに北京の学問の中心になっていた。

五道営胡同／五道营胡同 ★☆☆
wǔ dào yíng hú tòng
ごどうえいふーとん／ウウダァオイィンフートン

　北京旧城北東側の雍和宮から安定門に向かって走る全長632m、幅6mの五道営胡同。明代、ここは北京を守る守衛がおかれたところで、「武徳衛営」と呼ばれていた。清朝時代になると、八旗のうち鑲黄旗の満州族が暮らし、現在の五道営胡同という名前になった(明の兵制である五軍都督府に属する5600

中国では、儒教をもとにした統治が2000年続いた

科挙と異なる人材登用が行なわれた大学の国子監

人の兵営が通り名の由来）。21世紀に入ってから、南鑼鼓巷や鼓楼に店をもっていた人たちがこちらに移ってきたり、新店を開いて、現在はレストランやカフェがならぶ通りとなっている。

地壇公園／地坛公园 ★☆☆
dì tán gōng yuán
ちだんこうえん／ディタンゴンユェン

　故宮を中心に、南の天壇公園に対峙するように位置する地壇公園。天壇が冬至に天をまつったのに対して、この地壇では夏至に五嶽、五鎮、五陵山、四海などの神位がおかれ、地の神への祭祀が行なわれた（日壇が春分、月壇が秋分、天壇が冬至、地壇が夏至で、それぞれ故宮の東西南北に位置する）。中国では古くから天円地方の考えがあり、天壇の円に対して、地壇の祭祀場は方形になっている。明代の1530年に整備され、清代にいくどか重修されたのち、中華民国の1929年以来、公園として市民に開放されている。

柏林寺／柏林寺 ★☆☆
bó lín sì
はくりんじ／ボオリィンスウ

　雍和宮の東側、入り組んだ胡同の一角に立つ仏教寺院の柏林寺。元代の1347年の創建で、歴代皇帝からも重視され、京師八刹のひとつにあげられた。南北190m、東西120mの規模をもつ三路五進院で、山門から天王殿、大雄宝殿、無量殿、万仏宝閣と続き、万仏宝閣は高さ20mになる（また軸線上の東西には鼓楼と鐘楼が立つ）。伽藍内には白皮松、翠柏、七叶槐などの古樹が茂る。20世紀の文革時に破壊をこうむったのち、修建された。

Dong Zhi Men Nei
東直門内城市案内

北京旧城東北部に位置する東直門
かつてこの地は運河を通じて北京と外の世界を結び
現在は北京首都空港へ続く要所となっている

南新倉文化休閒街／南新仓文化休闲街 ★☆☆
nán xīn cāng wén huà xiū xián jiē
みなみしんそうぶんかきゅうかんがい／ナンシィンツァンウェンフゥアシウシィエンジエ

　北京東四十条近く、ショップ、ギャラリー、レストラン、バーなどがならぶ南新倉文化休閒街。南新倉という名前は、明代の1409年以来、故宮で使う皇族のための糧倉がここにあったことに由来する(江南から京杭大運河を通って運ばれてきた米が貯蔵された。それ以前の元代もこの場所に北太倉があった)。2004年以降、明清時代以来の9つの古倉を利用した開発が進んで、現在の姿となった。

保利芸術博物館／保利艺术博物馆 ★☆☆
bǎo lì yì shù bó wù guǎn
ほりげいじゅつはくぶつかん／パオリイイシュウボウウグゥアン

　古代中国の青銅器や彫刻、石刻仏像を中心に収蔵、展示する保利芸術博物館。西周の『神面卣』『戎生編鐘』『戦国斑紋鉞』、唐代の『双龍耳盤口壺』など殷代から唐代にいたる150あまりの青銅器を展示する「中国古代青銅芸術」。また山東省青州の彫像はじめ、北朝から唐代にいたる60あまりの「中国古代石刻仏教造像芸術精品陳列」を中心とする。1998年に開館した。

梁啓超故居／梁启超故居 ★☆☆
liáng qǐ chāo gù jū
りょうけいちょうこきょ／リィアンチイチャオグゥジュウ

　北溝沿胡同に残る清朝末期から民国初期に生きた学者、政治家の梁啓超(1873〜1929年)が暮らした故居。梁啓超は康有為に師事し、立憲君主制を目指して戊戌の変法に参加したが、西太后一派の妨害で失敗し、日本に亡命した。辛亥革命後の1912年に中国に戻り、袁世凱政府の政治顧問をつとめ、また段祺瑞と結ぶなど、北京政府のもとで活躍した。やがて梁啓超は政治からは引退し、清華大学教授や北京図書館の館長をつとめた。北溝沿胡同は明代は学房胡同、清代は官学胡同と呼ばれ、ラストエンペラー溥儀のときに現在の名前になった。梁啓超故居は天津や広東省にも位置する。

ロシア大使館（聖ニコライ聖堂）／俄罗斯大使馆 ★☆☆
é luó sī dà shǐ guǎn
ろしあたいしかん（せいにこらいせいどう）／アルオスーダァシィグァン

　清代からロシア正教の聖ニコライ聖堂があった場所に立つロシア大使館(近代、南に位置する東交民巷のロシア公使館に対して北館と呼ばれた)。ロシアと中国は清朝時代から外交関係が

★★★
雍和宮／雍和宫 yōng hé gōng ヨンハァゴン
★★☆
孔廟／孔庙 kǒng miào コンミャオ
★☆☆
南新倉文化休閑街／南新仓文化休闲街 nán xīn cāng wén huà xiū xián jiē ナァンシィンツァンウェンフゥアシウシィエンジエ
保利芸術博物館／保利艺术博物馆 bǎo lì yì shù bó wù guǎn バオリイィシュウボオウグゥアン
梁啓超故居／梁启超故居 liáng qǐ chāo gù jū リィアンチイチャオグゥジュウ
ロシア大使館（聖ニコライ聖堂）／俄罗斯大使馆 é luó sī dà shǐ guǎn アルオスーダァシィグァン
通教寺／通教寺 tōng jiào sì トォンジィアオスー
南館公園／南馆公园 nán guǎn gōng yuán ナァングゥアンゴォンユゥエン
東直門／东直门 dōng zhí mén ドンチィメン
東直門内大街／东直门内大街 dōng zhí mén nèi dà jiē ドンチィメンネイダァジエ
北京当代万国城／北京当代万国城 běi jīng dāng dài wàn guó chéng ベイジンダァンダァイワングゥオチャン
地壇公園／地坛公园 dì tán gōng yuán ディタンゴォンユェン
柏林寺／柏林寺 bó lín sì ボオリィンスウ
段祺瑞執政府旧址／段祺瑞执政府旧址 duàn qí ruì zhí zhèng fǔ jiù zhǐ ドゥアンチイルゥイチイチェンフウジィウチイ

あり、清朝第4代康熙帝の時代(1689年)にネルチンスク条約でたがいの領土を確定させた。両者は対立を続けたが、康熙帝はコサックの投降者に土地をあたえて東直門内に住まわせ、官位を与えたほか、ロシア正教会の寺院が建てられた。そのためコサックと結婚した中国人の子孫がこのあたりに暮らし、ロシアの要塞があったアルバジンにちなんで、ここはアルバジン村と呼ばれていた。

通教寺／通教寺 ★☆☆
tōng jiào sì
つうきょうじ／トンジィアオスー

東直門内の針線胡同にたたずむ通教寺。北京の尼僧のための仏教寺院で、明代の創建後、清代にいくども修建されている。現在の通教寺は1942年に重建され、阿弥陀仏をまつる大雄宝殿はじめ、念仏堂、五観堂、尼舎などが残る。

南館公園／南馆公园 ★☆☆
nán guǎn gōng yuán
なんかんこうえん／ナァングゥアンゴォンユゥエン

雍和宮の東側、ロシア大使館の南側に位置する南館公園。明代、この地には銅を鋳造した工場があり、現在では緑地の広がる公園となっている。

東直門／东直门 ★☆☆
dōng zhí mén
とうちょくもん／ドンチィメン

北京旧城の北東隅にあたり、現在は交通の要所となっている東直門。元代以前は荒れ地だったが、元の大都がつくられたとき、ちょうどここが都の東正面で、崇仁門が築かれた(東の方角は仁に属する。大都は明清内城よりさらに北側に続いていた)。明の永楽帝(在位1402〜24年)時代、西の西直門と対峙するように東直門となり、高さ34mの城門がそびえていた。この地

東直門は北京首都国際空港へのアクセス拠点になる

地壇公園の近くで食べた広東料理

オフィスビルがならぶ東直門駅界隈

北京と通州、天津へと続いた運河、冬は凍結する

(東直門外)はちょうど京杭大運河を通じて北京へいたるときに玄関口となる場所で、とくに需要の多かった木材がおかれたことから、「木門」とも呼ばれた。20世紀に入って交通の便をあげることから、城門の東直門は撤去され、立体交差道路が見られるようになった(東直門という名前だけが残った)。2008年に北京首都国際空港と北京市街を結ぶ機場線(エアポートエクスプレス)の市街側の駅が東直門におかれ、北京の玄関口という性格は現在も続いている。

東直門内大街／东直门内大街 ★☆☆
dōng zhí mèn nèi dà jiē
とうちょくもんないだいがい／ドンチィメンネイダァジエ

北京内城東北に位置する東直門内から、北新橋にいたる東直門内大街(簋街、鬼街)。全長1442mの通りには料理店がならび、北京料理や四川料理、山東料理、江蘇料理、広東料理など多くの店が集まる。東直門は元代から京杭大運河(通州、天津)へ続く北京の海運の玄関口となってきたところで、明清時代から商店が立ちならんでいた。「簋」とは、古代中国の食事を盛るための器具で、簋街という名称はこれに由来する。また鬼街という名称は、夜になってランタン(赤提灯)が灯り、それが遠くからゆらいで見えることから鬼市(鬼街)と呼ばれたことによる(明け方近くまで開いている飲食店にタクシードライバーが集まったからだともいう)。1995年前後から料理店が集まって、餐飲一条街を形成するようになった。

北京当代万国城／北京当代万国城 ★☆☆
běi jīng dāng dài wàn guó chéng
ぺきんとうだいばんこくじょう／ベイジンダァンダァイワングゥオチャン

東直門のそばに立つ北京当代万国城。20階建ての複数のビルを上層階で結ぶ姿は、北京を代表する現代建築のひとつにあげられる。「リンクト・ハイブリッド」の名前で知られ、商業施設、映画館などが入居する。

Niao Chao
鳥の巣城市案内

**いくつもの鉄骨が不規則に走り
鳥の巣状のデザインをもつ北京国家体育場
あたりには大型施設が集まる**

鳥の巣（北京国家体育場）／鸟巣★★★
niǎo cháo
とりのす（ぺきんこっかたいいくじょう）／ニィアオチャオ

　故宮の北、北京をつらぬく軸線上に建てられた北京国家体育場。南北333m、東西296m、高さ69mで、建築面積は25万8000㎡、9万1000人を収容する。ヘルツォーク・ド・ムーロンによる設計で、4万4000tもの鉄骨が使用されている。そのデザインから「鳥の巣（Bird's Nest）」の愛称をもち、鳥を生み、育む巣は、揺籃、未来、希望が象徴的に表現されている。2008年に行なわれた北京オリンピックのメインスタジアムがおかれていた。

水立方（北京国家游泳中心）／水立方★☆☆
shuǐ lì fāng
すいりっぽう（ぺきんこっかゆうえいちゅうしん）／シュイリィファン

　鳥の巣の近くに立つ国家水泳センター。東西177m、南北177m、高さ31mで、立方体の特徴的な外観をしていることから「水立方」と呼ばれる。壁面に不規則にならぶ3000もの膜（「水泡泡」）をめぐらせたデザインになっている。鳥の巣とともに、北京オリンピック開催の象徴的存在だった。

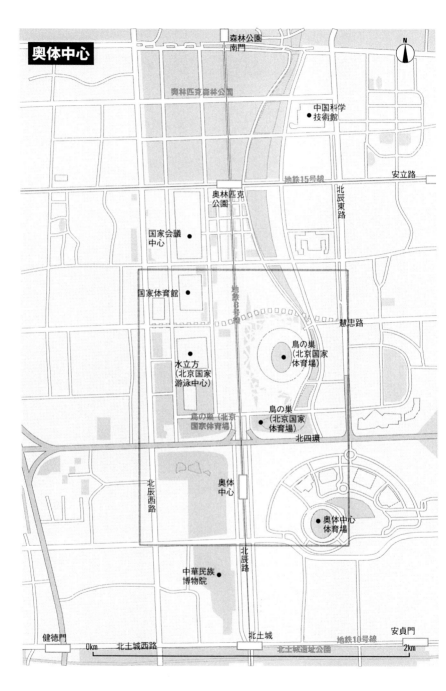

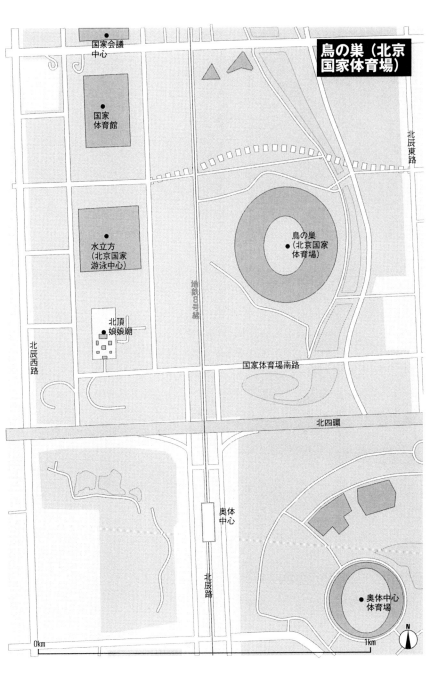

北頂娘娘廟／北顶娘娘庙 ★☆☆
běi dǐng niáng niáng miào
ほくちょうにゃんにゃんびょう／ベイディンニャンニャンミャオ

　鳥の巣近く、北京中軸線上の北頂村に立つ北頂娘娘廟。遅くても明代の宣徳年間(1426〜35年)にはあったと考えられ、泰山の女神碧霞元君がまつられている。明清時代、中国の五岳と対応するように北京を囲む五頂にそれぞれ寺廟がおかれ、豊台の南頂に対応するように北頂に北頂娘娘廟があった。1998年から修復がはじまり、子宝の女神碧霞元君はじめ、関羽、薬王、馬王などがまつられている。また鳥の巣や水立法などにも近い。

中華民族博物院／中华民族博物院 ★☆☆
zhōng huá mín zú bó wù yuàn
ちゅうかみんぞくはくぶついん／チョンフウアミンズウボオウウユュエン

　中国に暮らす漢族と55の少数民族をテーマとする中華民族博物院(中華民族園)。中国の家具や農具を収蔵する祖宗堂、またチベット族、ミャオ族、タイ族、朝鮮族、白族、ナシ族、寧夏回族、新疆ウイグル族などの民族村が位置する。それぞれの民族ゆかりの建築や工芸品とともに、ヤオトン、碉楼、吊脚楼、瀑布や石窟など、56の民族の100を超える建築が見られる。

★★★
鳥の巣(北京国家体育場)／鸟巢 niǎo cháo ニィアオチャオ
★☆☆
水立方(北京国家游泳中心)／水立方 shuǐ lì fāng シュイリィファン
北頂娘娘廟／北顶娘娘庙 běi dǐng niáng niáng miào ベイディンニャンニャンミャオ
中華民族博物院／中华民族博物院 zhōng huá mín zú bó wù yuàn チョンフウアミンズウボオウウユュエン
北土城遺址公園／北土城遗址公园 běi tǔ chéng yí zhǐ gōng yuán ベイチュウチェンイィチゴンユェン
中国科学技術館／中国科学技术馆 zhōng guó kē xué jì shù guǎn チョングゥオカアシュエジイシュウグゥアン

鳥の巣はじめ次々と現代建築が建てられていった

北京のシンボルにもなっている、鳥の巣こと北京国家体育場

2008年の夏季オリンピック会場となった　　　　　　　立方体をした水泳センター、水立方

北土城遺址公園／北土城遗址公园 ★☆☆
běi tǔ chéng yí zhǐ gōng yuán
きたどじょういしこうえん／ベイチュゥチェンイィチィゴンユェン

　北土城遺址公園は、元の大都の北側の城壁があったところで、現在は東西に伸びる公園となっている。元の土城の西北隅に近いところは、かつて樹木が鬱蒼と茂り、薊門煙樹として燕京八景にあげられていた（天安門近くに大都の正門にあたる欞星門があり、そこから街は北へ広がっていた）。

中国科学技術館／中国科学技术馆 ★☆☆
zhōng guó kē xué jì shù guǎn
ちゅうごくかがくぎじゅつかん／チョングゥオカアシュエジイシュウグゥアン

　北京北郊外の奥林匹克公園に立つ中国科学技術館。中国古代の科学技術の「華夏之光」、子供向けの展示「科学楽園」、宇宙、天文学や生命科学をあつかう「探索と発現」、衣食住と天候、気象の「科技と生活」、地球やエネルギー、海洋開発、持続エネルギーの展示「挑戦と未来」などからなる。1958年創建の中央科学館の流れをくみ、2009年、豊かな緑に包まれたこの地で開館した。いくつもの正方形が組み合わさった外観となっている。

北京の離宮仏教学校

Pekin No Rikyu

宗族、仏教、文治主義といった中国の伝統
礼記をもとに配置されたという宮殿や寺院
北京の街には周以来の秩序が見られる

繰り返し造営された離宮 (北海公園)

　北方民族が南の農耕社会をうかがう地点に位置する北京。華北に勢力を広げた10世紀の遼、12世紀の金はともに北京(現在の街の西南)に都をおき、乾燥した気候にあって西山からの水を集める北海に皇帝の離宮が建てられた(1127年、北宋を滅ぼした金は、開封の庭園から名石や霊石をここまで運んだ)。元代になると北海が都市の中心となり、明清時代には紫禁城のすぐそばにある皇族の庭園となっていた。

中国仏教とチベット仏教 (雍和宮)

　北京では広済寺、法源寺、広化寺などの中国仏教寺院と雍和宮、妙応寺白塔、隆福寺、護国寺などのチベット仏教寺院の双方が共存してきた。中国仏教は、後漢の時代(1世紀ごろ)に中央アジアから伝わり、チベット仏教は元の時代(13世紀)にチベットがその版図となり、フビライ・ハンがチベット僧パクパに師事したところから中国中に広まった。清代にはチベット仏教が満州族、漢族、モンゴル族といった民族をつなぐ役割を果たしていた。

学校とは (国子監)

　国子監に見られるような学校では、将来、官吏になるための、子女の教育が集団で行なわれ、その伝統は周の時代にさかのぼる(明清時代には北京に最高学府の太学が、地方には府学、県学がおかれていた)。科挙が暗記中心の試験を受けて官吏を採用するものだったのに対して、学校は「あらかじめ教育することで官吏をとる」という考えにもとづいていた。北宋の王安石は学校の制度を改革して都開封に国立大学をつくり、2400人の学生相手に公的教育を行なったことで知られる。学校をつくり教育するということは予算がかかるため、人材登用はあくまで科挙が中心で、実際、学校制度は科挙の補助的なものとなっていた。

華麗な清朝皇族の暮らしがあった恭王府

中国全土の秀才が北京に集まった、国子監

参考文献

『アジア古都物語北京』(NHK「アジア古都物語」プロジェクト/日本放送出版協会)
『雍正帝』(宮崎市定/岩波書店)
『北京風俗大全』(羅信耀/平凡社)
『北京の史蹟』(繭山康彦/平凡社)
『北京皇城とその周辺地域における清末以後の機能変化』(後藤雄二/弘前大学教育学部紀要)
『中国の歴史散歩1』(山口修/山川出版社)
『中国世界遺産の旅1』(石橋崇雄/講談社)
『中国歴史建築案内』(楼慶西/TOTO出版)
『世界大百科事典』(平凡社)
北京観光の公式サイト・北京旅行網http://japan.visitbeijing.com.cn/
[PDF]北京空港案内http://machigotopub.com/pdf/beijingairport.pdf
[PDF]北京地下鉄路線図http://machigotopub.com/pdf/beijingmetro.pdf

まちごとパブリッシングの旅行ガイド
Machigoto INDIA , Machigoto ASIA , Machigoto CHINA

北インド-まちごとインド

- 001　はじめての北インド
- 002　はじめてのデリー
- 003　オールド・デリー
- 004　ニュー・デリー
- 005　南デリー
- 012　アーグラ
- 013　ファテープル・シークリー
- 014　バラナシ
- 015　サールナート
- 022　カージュラホ
- 032　アムリトサル

- 007　ビカネール
- 008　シェカワティ
- 011　はじめてのマハラシュトラ
- 012　ムンバイ
- 013　プネー
- 014　アウランガバード
- 015　エローラ
- 016　アジャンタ
- 021　はじめてのグジャラート
- 022　アーメダバード
- 023　ヴァドダラー（チャンパネール）
- 024　ブジ（カッチ地方）

西インド-まちごとインド

- 001　はじめてのラジャスタン
- 002　ジャイプル
- 003　ジョードプル
- 004　ジャイサルメール
- 005　ウダイプル
- 006　アジメール（プシュカル）

東インド-まちごとインド

- 002　コルカタ
- 012　ブッダガヤ

南インド-まちごとインド

001 はじめてのタミルナードゥ
002 チェンナイ
003 カーンチプラム
004 マハーバリプラム
005 タンジャヴール
006 クンバコナムとカーヴェリー・デルタ
007 ティルチラパッリ
008 マドゥライ
009 ラーメシュワラム
010 カニャークマリ
021 はじめてのケーララ
022 ティルヴァナンタプラム
023 バックウォーター（コッラム～アラップーザ）
024 コーチ（コーチン）
025 トリシュール

ネパール-まちごとアジア

001 はじめてのカトマンズ
002 カトマンズ
003 スワヤンブナート
004 パタン
005 バクタプル
006 ポカラ
007 ルンビニ
008 チトワン国立公園

バングラデシュ-まちごとアジア

001 はじめてのバングラデシュ
002 ダッカ
003 バゲルハット（クルナ）
004 シュンドルボン
005 プティア
006 モハスタン（ボグラ）
007 パハルプール

パキスタン-まちごとアジア

002 フンザ
003 ギルギット（KKH）
004 ラホール
005 ハラッパ
006 ムルタン

イラン-まちごとアジア

001 はじめてのイラン
002 テヘラン
003 イスファハン
004 シーラーズ
005 ペルセポリス
006 パサルガダエ（ナグシェ・ロスタム）
007 ヤズド
008 チョガ・ザンビル（アフヴァーズ）
009 タブリーズ
010 アルダビール

北京-まちごとチャイナ

001　はじめての北京
002　故宮（天安門広場）
003　胡同と旧皇城
004　天壇と旧崇文区
005　瑠璃廠と旧宣武区
006　王府井と市街東部
007　北京動物園と市街西部
008　頤和園と西山
009　盧溝橋と周口店
010　万里の長城と明十三陵

天津-まちごとチャイナ

001　はじめての天津
002　天津市街
003　浜海新区と市街南部
004　薊県と清東陵

上海-まちごとチャイナ

001　はじめての上海
002　浦東新区
003　外灘と南京東路
004　淮海路と市街西部
005　虹口と市街北部
006　上海郊外（龍華・七宝・松江・嘉定）
007　水郷地帯（朱家角・周荘・同里・甪直）

河北省-まちごとチャイナ

001　はじめての河北省
002　石家荘
003　秦皇島
004　承徳
005　張家口
006　保定
007　邯鄲

江蘇省-まちごとチャイナ

001　はじめての江蘇省
002　はじめての蘇州
003　蘇州旧城
004　蘇州郊外と開発区
005　無錫
006　揚州
007　鎮江
008　はじめての南京
009　南京旧城
010　南京紫金山と下関
011　雨花台と南京郊外・開発区
012　徐州

浙江省-まちごとチャイナ

001　はじめての浙江省
002　はじめての杭州
003　西湖と山林杭州
004　杭州旧城と開発区

005 紹興
006 はじめての寧波
007 寧波旧城
008 寧波郊外と開発区
009 普陀山
010 天台山
011 温州

福建省-まちごとチャイナ

001 はじめての福建省
002 はじめての福州
003 福州旧城
004 福州郊外と開発区
005 武夷山
006 泉州
007 厦門
008 客家土楼

広東省-まちごとチャイナ

001 はじめての広東省
002 はじめての広州
003 広州古城
004 天河と広州郊外
005 深圳(深セン)
006 東莞
007 開平(江門)
008 韶関
009 はじめての潮汕

010 潮州
011 汕頭

遼寧省-まちごとチャイナ

001 はじめての遼寧省
002 はじめての大連
003 大連市街
004 旅順
005 金州新区
006 はじめての瀋陽
007 瀋陽故宮と旧市街
008 瀋陽駅と市街地
009 北陵と瀋陽郊外
010 撫順

重慶-まちごとチャイナ

001 はじめての重慶
002 重慶市街
003 三峡下り(重慶〜宜昌)
004 大足
005 重慶郊外と開発区

四川省-まちごとチャイナ

001 はじめての四川省

002 はじめての成都
003 成都旧城
004 成都周縁部
005 青城山と都江堰
006 楽山
007 峨眉山
008 九寨溝

香港-まちごとチャイナ

001 はじめての香港
002 中環と香港島北岸
003 上環と香港島南岸
004 尖沙咀と九龍市街
005 九龍城と九龍郊外
006 新界
007 ランタオ島と島嶼部

マカオ-まちごとチャイナ

001 はじめてのマカオ
002 セナド広場とマカオ中心部
003 媽閣廟とマカオ半島南部
004 東望洋山とマカオ半島北部
005 新口岸とタイパ・コロアン

Juo-Mujin（電子書籍のみ）

Juo-Mujin香港縦横無尽
Juo-Mujin北京縦横無尽
Juo-Mujin上海縦横無尽
Juo-Mujin台北縦横無尽
見せよう! 上海で中国語
見せよう! 蘇州で中国語
見せよう! 杭州で中国語
見せよう! デリーでヒンディー語
見せよう! タージマハルでヒンディー語
見せよう! 砂漠のラジャスタンでヒンディー語

自力旅游中国Tabisuru CHINA

001 バスに揺られて「自力で長城」
002 バスに揺られて「自力で石家荘」
003 バスに揺られて「自力で承徳」
004 船に揺られて「自力で普陀山」
005 バスに揺られて「自力で天台山」
006 バスに揺られて「自力で秦皇島」
007 バスに揺られて「自力で張家口」
008 バスに揺られて「自力で邯鄲」
009 バスに揺られて「自力で保定」
010 バスに揺られて「自力で清東陵」
011 バスに揺られて「自力で潮州」
012 バスに揺られて「自力で汕頭」
013 バスに揺られて「自力で温州」
014 バスに揺られて「自力で福州」
015 メトロに揺られて「自力で深圳」

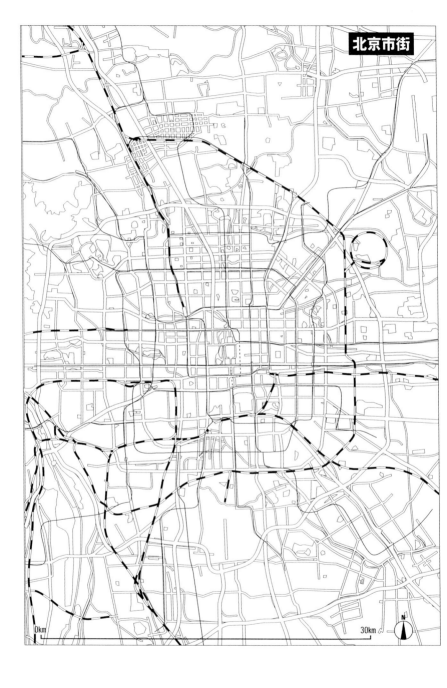

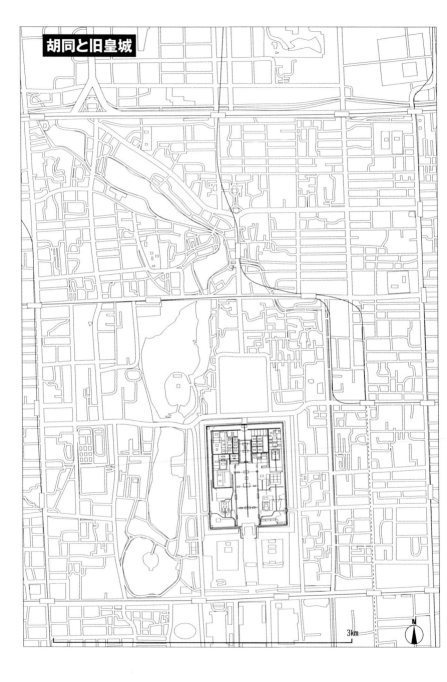

胡同と旧皇城

3km

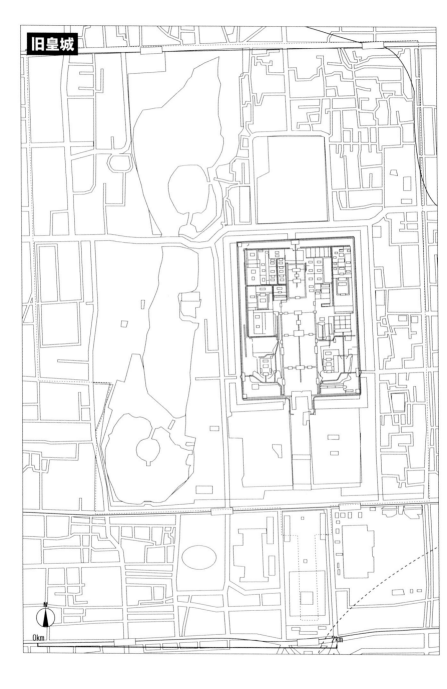

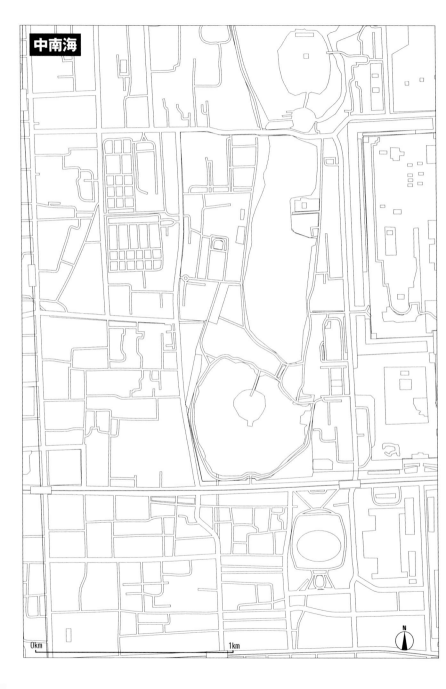

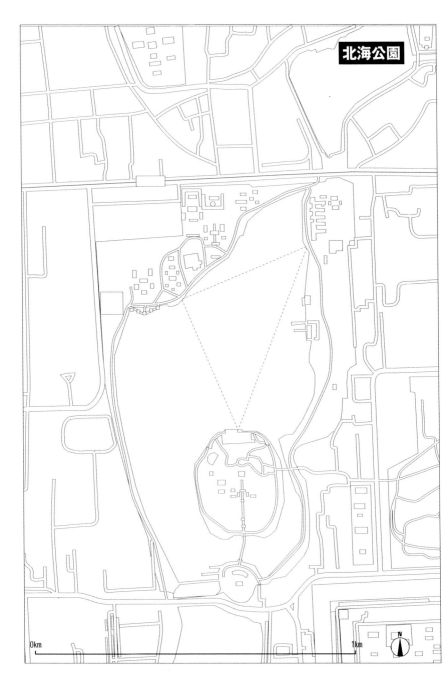

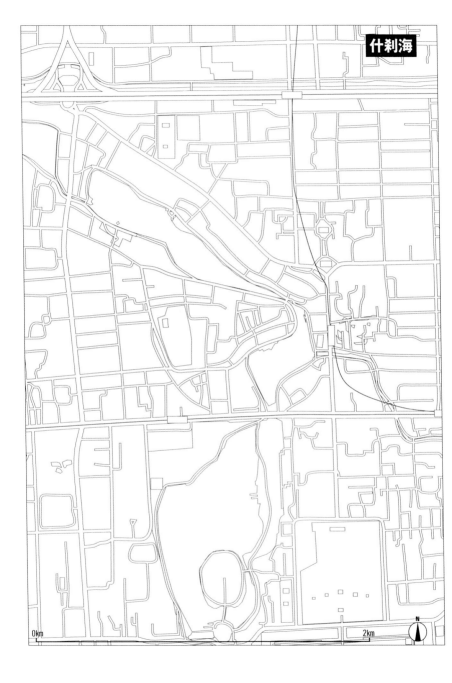

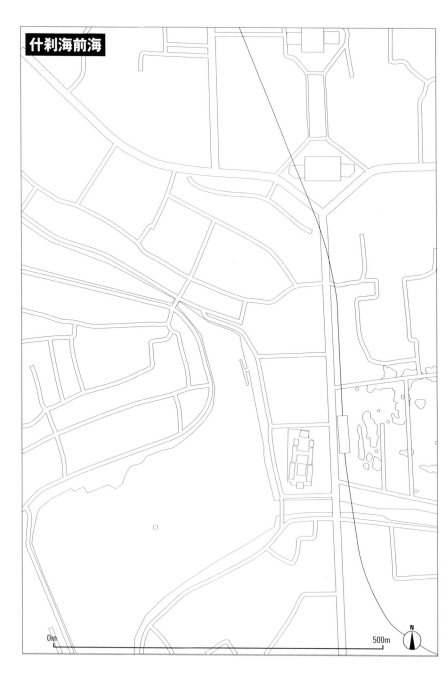

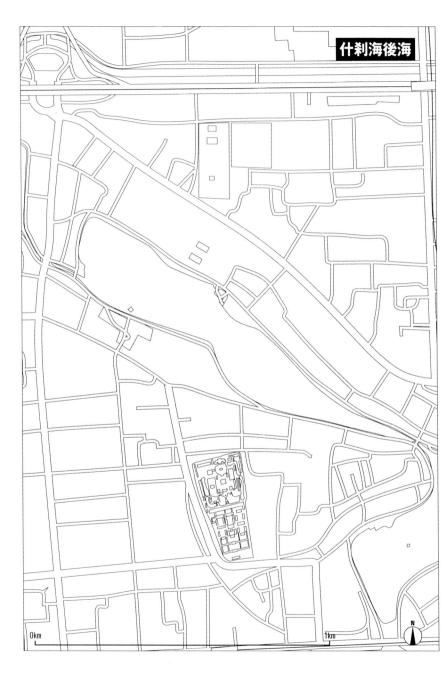

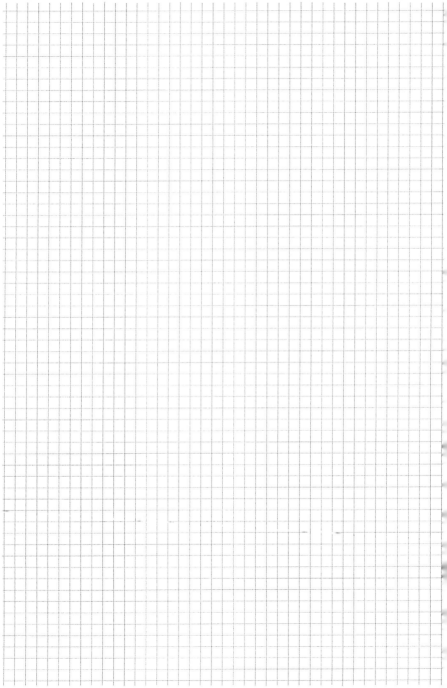

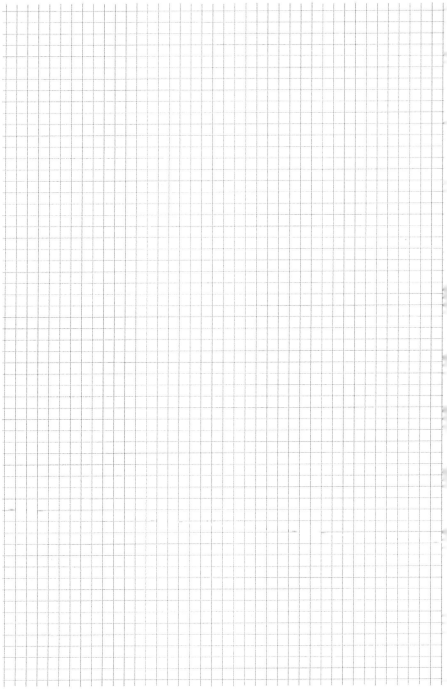

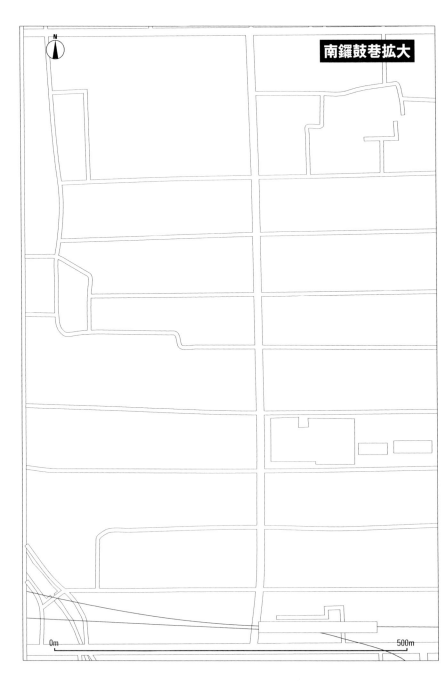

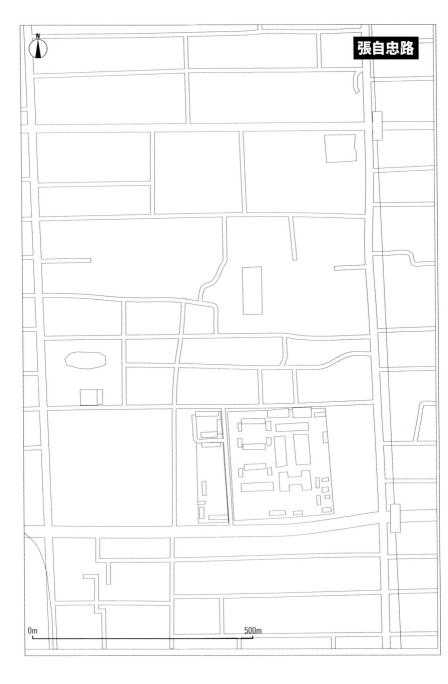
張自忠路

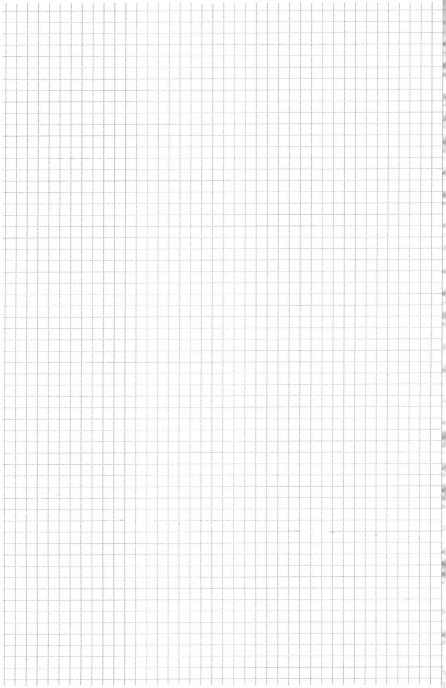

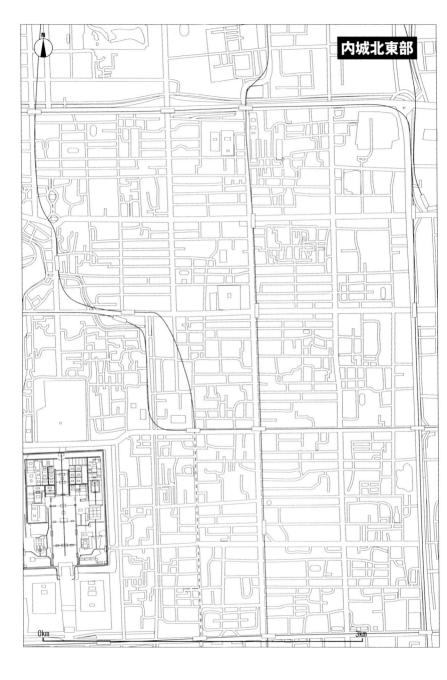

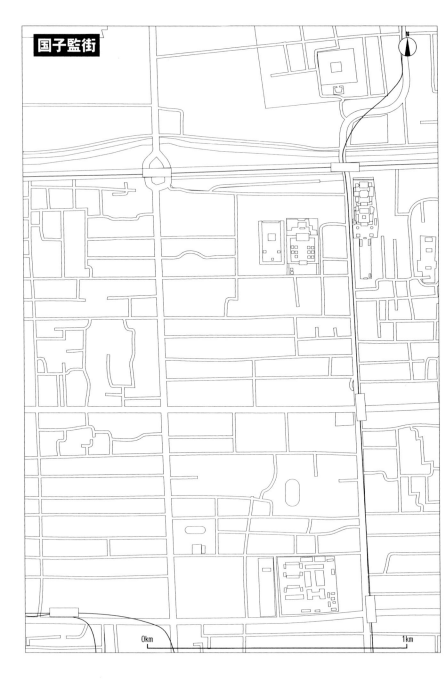

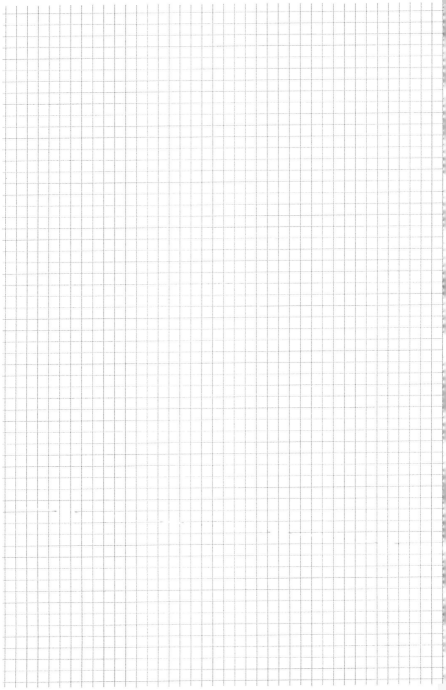

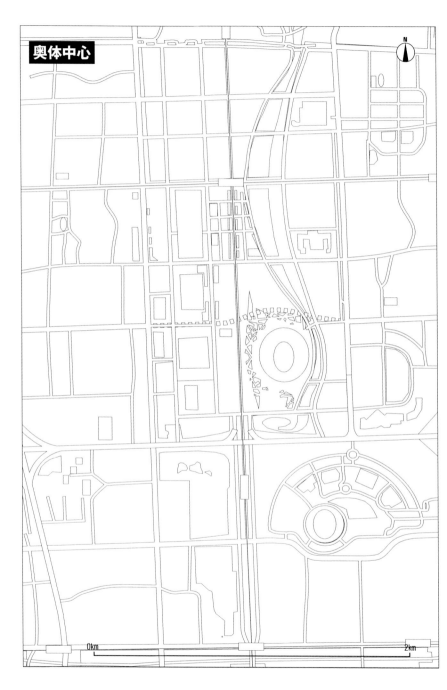

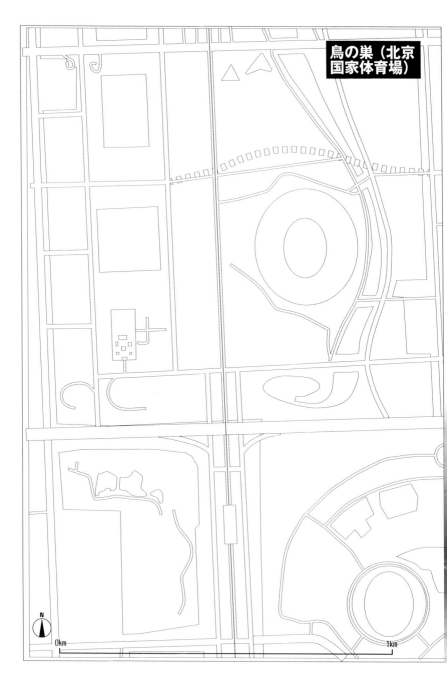
鳥の巣（北京国家体育場）

【車輪はつばさ】
南インドのアイラヴァテシュワラ寺院には
建築本体に車輪がついていて
寺院に乗った神さまが
人びとの想いを運ぶと言います

An amazing stone wheel of the Airavatesvara Temple
in the town of Darasuram, near Kumbakonam in the South India

まちごとチャイナ
北京 003

胡同と旧皇城
老北京の「たたずまい」
[モノクロノートブック版]

「アジア城市(まち)案内」制作委員会
まちごとパブリッシング
http://machigotopub.com

- 本書はオンデマンド印刷で作成されています。
- 本書の内容に関するご意見、お問い合わせは、発行元の
  まちごとパブリッシング info@machigotopub.com までお願いします。

まちごとチャイナ
新版 北京003胡同と旧皇城
～老北京の「たたずまい」

2019年 11月12日　発行

著　者	「アジア城市（まち）案内」制作委員会
発行者	赤松　耕次
発行所	まちごとパブリッシング株式会社 〒181-0013　東京都三鷹市下連雀4-4-36 URL http://www.machigotopub.com/
発売元	株式会社デジタルパブリッシングサービス 〒162-0812　東京都新宿区西五軒町11-13 清水ビル3F
印刷・製本	株式会社デジタルパブリッシングサービス URL http://www.d-pub.co.jp/

MP218

ISBN978-4-86143-366-5 C0326　　　Printed in Japan
本書の無断複製複写（コピー）は、著作権法上での例外を除き、禁じられています。